手島郁郎

ヨハネ伝講話

第一巻

手島郁郎文庫

ヤコブの井戸（サマリヤ）にて・手島郁郎

使徒ヨハネが生きた時代の東地中海世界

——序に代えて——

神の子となるために

イエス・キリストの愛弟子《まなでし》ヨハネが書きました「ヨハネによる福音書《ふくいんしょ》」(ヨハネ伝)を学ぶに当たって、私たちは何を目的に読むのか。ただ文字を学ぶのではなく、文字に流れる生命《いのち》を汲《く》むことが大切です。キリストを信ずるというより、キリストを私たちに受け入れ、その生命を受け取ることが本当の信仰のしかたです。ヨハネ伝の初めに、「彼を受けいれた者、すなわち、その名を信じた人々には、彼は神の子となる力(ἐξουσία《エクスーシア》権威《けんい》、権能、権限)を与《あた》えたのである」(ヨハネ伝一章一二節)とあるとおりです。

私たちは、イエスの神霊を受け入れることによって新生し、ここで、神の子となる権能を与えられるために、この福音書を学ぶのであります。今までがどうであれ、キリストの光に触《ふ》れて、神の子である自分を発見する。また、他の人にも発見する。これが宗教生活です。私たちは、神の子たるべく学びつつあるのです。お互《たが》いに尊《とうと》び合《あ》わなければなりません。

このヨハネ伝は、小アジアの大都会でありましたエペソで書かれたといわれます。

原始キリスト教の信仰は、イスラエルのガリラヤ地方を中心に、主イエスが神の国の福音を宣《の》べ伝《つた》えられたことから始まりました。その後、エルサレム、シリアのアンテオケへとその中心を移しつつ発展《はってん》し、紀元一世紀の終わりにエペソで信仰的な絶頂《ぜっちょう》を極《きわ》めることとなります。

使徒パウロ亡《な》き後、このエペソでヨハネは全教会を、ことにアジアの七つの教会(ヨハネの黙示録《もくしろく》一章)を統率《とうそつ》しました。イエスの母マリヤ、マグダラのマリヤなども、エペソに逃《のが》れ、ここで死んだと伝えられております。

ヨハネ伝は別名「エペソ福音書」と呼《よ》ばれ、「ヨハネ書簡」(三巻《かん》)や「ヨハネの黙示録」などと共に、エペソ地方で広く読まれていたものです。これらは、キリスト教が完成した時代に生まれた文書ですので、ヨハネ伝が読めるということは、最も高く霊的なキリストの姿がわかるということです。

ヨハネは、表面的な人間イエスよりも、イエスの中に神の子を、神秘《しんぴ》なキリストの生命を見ています。どんなに肉の人間としてのイエス・キリストの外側を見たり研究したりしても、キリストはわからない。キリストの本質は神の聖霊なのですから、キリストを霊的に知ることこそ、ほんとうにキリストを知った者です。

一九六二年十月

手島郁郎

目次

凡例

＊難《むずか》しい概念《がいねん》や人名については、その語の横に「＊」印を付し、各講の最後に注をつけました。

＊講述者・手島郁郎は講話するに当たって、ギリシア語・日本語の対訳《たいやく》プリントを聴講者《ちょうこうしゃ》に配付して用いており、たびたびギリシア語原文の意味を解説しています。本書では、その中で重要と思われる箇所《かしょ》にギリシア語を入れました。ギリシア語の読み方はエラスムス式を採用しています。

＊聖書の言葉を引用する場合は、『口語訳聖書』(日本聖書協会)を用いました。

＊講述者が講話の中で引用している聖句は、文語訳聖書からが多いですが、本文中では口語訳に改めました。ただし、講述者が原文から私訳・直訳している場合は、それを採用しています。

＊らい病、唖《おし》、足萎《あしな》え、などの語は、当時の表現をそのまま使用しています。

＊一回の講話のテーマが二つ以上あり、分量も多い場合は、読みやすいように講話を①②に分けて編集してあります。各講の文末にある日付をご参照ください。

ヨハネ伝講話　第一巻

手島郁郎

第一講

永遠の生命に至《いた》る書

――ヨハネ伝を学ぶに当たって――

イエス・キリストのご生涯《しょうがい》を記したものに、福音書《ふくいんしょ》と称《しょう》するものがありますが、新約聖書にはマタイによる福音書、マルコによる福音書、ルカによる福音書、ヨハネによる福音書の四つがあります。

その中で、ヨハネによる福音書は第四福音書と呼《よ》ばれまして、他の三つの福音書と比べると、その書き方や資料、キリストに対する見方などが著《いちじる》しく異《こと》なっております。ヨハネは、いつも霊的なキリストを見、より深い内面的な意味をその中に盛《も》って書いているからです。

「教会史の父」として知られるエウセビオス*は、このヨハネによる福音書が書かれた背《はい》景《けい》として、次のような伝説があったことを記しています。

晩年《ばんねん》の使徒ヨハネに、先に記された三つの福音書を見せると、

「それぞれ真実を書いているが、これは地上でのイエス・キリストのお姿《すがた》であって、歴史の社会におられたキリストの面影《おもかげ》が強い」と言った。そこで周囲の弟子《でし》たちが、

「では、もっと霊的なキリスト像を語ってください」と頼《たの》むと、老ヨハネはポツリポツリと語りだした。それをまとめたものがヨハネによる福音書である、と。

キリストの最も深い内面的なお姿が描《えが》かれているこの福音書を、これからご一緒《いっしょ》に読めるのはありがたいことです。私はこのヨハネ伝が昔から非常に好きでして、講義するのは今回で五回目になると思います。学ぶたびに深いキリストのお心を知る次第《しだい》です。聖書は真理の書ですから、読めば読むほど、その深みがわかってきます。

私はこの世の最後にと思って、これからヨハネ伝をお話ししようと思うんです。

ですから、皆《みな》さんも聖書をきれいなままにされず、学ばれたことを聖書の余白などにたくさん書き込《こ》んで、ご自分の聖書としてください。この頃《ごろ》の人は、金ぴかの聖書を持って

大事そうにしていますが、そういう読み方では*永遠の生命を得るということにはなりません。永遠の生命を得るためには、もう金もいらなければ何もいらない。本気になって聖書に取り組むことが大事です。

著者《ちょしゃ》・使徒ヨハネ

第四福音書の著者は、昔からイエス・キリストの直弟子《じきでし》である使徒ヨハネであるとされてきました。ヨハネ伝の最後に、「イエスの愛しておられた弟子」(二一章二〇節)として、このヨハネのことが記されていますが、そこには、「これらの事についてあかしをし、またこれらの事を書いたのは、この弟子である。そして彼のあかしが真実であることを、わたしたちは知っている」(二一章二四節)とあって、弟子のヨハネが著者であると述べています。また、ヨハネの孫弟子の*イレニウスや*アレクサンドリアのクレメンス、*テルトゥリアヌスなどの二～三世紀の*教父たちも一様に、第四福音書をヨハネの筆になるものとしています。

新約聖書の中で、ペテロやパウロについては、使徒行伝の記事や多くの書簡《しょかん》によって、彼らの活動なり人柄《ひとがら》がよくわかりますが、ヨハネが書いたといわれる書物からは、彼がどういう人柄であったか十分にわかりません。使徒行伝の中でも、ヨハネについては脇役的《わきやくてき》な書き方しかされていません。

しかし彼は「イエスに愛された弟子《でし》」であり、十字架《じゅうじか》を前にしたイエスの最後の晩餐《ばんさん》の時には「イエスの胸《むね》によりかかって……」(ヨハネ伝一三章二五節)と記されているのを見ると、何か彼の性格がしのばれます。また、イエスが変貌《へんぼう》の山に登られた時に、ペテロ、ヤコブと共にヨハネが同行したことを見ても、特に霊的な人物であったことがわかります。

ヨハネは、使徒ヤコブと兄弟で、共にガリラヤ湖畔《こはん》の網元《あみもと》ゼベダイの子でした(マタイ伝四章二一、二二節)。各福音書を読み合わせてみると、彼ら兄弟の母はサロメという名前であり、イエスの母マリヤと姉妹《しまい》であったことがわかります。

ですから、ヨハネはイエス・キリストと従兄弟《いとこ》の関係にあったわけです。

十字架上のイエスが、母マリヤのことをヨハネに託《たく》した(ヨハネ伝一九章二六、二七節)のも、その背景《はいけい》に血縁《けつえん》関係があったからでした。

サロメは、他の婦人たちと共にイエスの一行に奉仕《ほうし》をし、エルサレムへ行ったりしてい

エペソの遺跡（後方の円形劇場には 24,000 人が収容できた）

ます。妻や息子《むすこ》たちが、このように信仰的に生きることを理解して許した父ゼベダイは、まことに立派《りっぱ》な人でした。

こうして見てくると、ヨハネの育った環境《かんきょう》が、非常に宗教的な雰囲気に包まれていたことがわかります。

霊味溢《あふ》れる福音書

イエス・キリストが十字架《じゅうじか》にかかられた後、ヨハネはイエスの母マリヤと共に迫害《はくがい》を逃《のが》れて遠くエペソまで行き、そこで九十歳《さい》を超《こ》えるまで生きたと伝えられています。

エペソは、現在のトルコの西部、エーゲ海に面した港町ですが、ここでヨハネ伝は書《か》き綴《つづ》られたといわれます。

晩年《ばんねん》は耳が遠くなり、目も見えなくなったヨハネに、弟子《でし》たちが説教を頼《たの》むと、「あなたがたは互《たが》いに愛し合いなさい」としか言わなかったという伝説があります。

若《わか》い時の彼は、ボアネルゲ（雷《かみなり》の子）と呼《よ》ばれるほど気性の激《はげ》しい人で、イエスを受け入れないサマリヤの人々に対して、

「主よ、彼らを焼《や》き払《はら》ってしまうように、天から火をよび求めましょうか」（ルカ伝九章五四節）とイエスに強要するくらい闘争的《とうそうてき》な青年でした。

しかし、他の使徒たちが次々と殉教《じゅんきょう》してゆくのに、彼はただ一人生き残って伝道を続け、ある時は捕《と》らえられてエーゲ海のパトモス島に流されたりして、さんざん苦労をしました。やがて老境を迎《むか》えたヨハネの信仰は、いよいよ円熟《えんじゅく》し完成したものとなりました。

晩年になって書かれたヨハネ伝のどこにも、彼は自分の名前を記していません。ただ「イエスの愛しておられた弟子」と自分を呼んで、自分を隠《かく》しに隠して、ひたすら贖《あがな》い主《ぬし》を高く掲《かか》げ、崇《あが》めております。使徒ヨハネの絶筆ともいうべきこの福音書は、他の福音書や書簡《しょかん》に比べて霊的な深みがあり、私たちにも学びがいのある書であります。これ

を、自分の信仰の糧《かて》にしたいと思わずにはおられません。

ヨハネ伝は、果たしてヨハネが書いたものかどうかについては学問上議論《ぎろん》があります。しかし疑《うたが》ってみたら、きりがありません。私は、内部的、外部的な証拠《しょうこ》を総合してみると、使徒ヨハネの筆だと考えるべきだと思います。かりに、直接彼が筆を執《と》らなかったとしても、彼が口述し、それを誰《だれ》かが筆記したものでありましょう。

ヨハネ伝の最初を見ると、イエス・キリストを紹介《しょうかい》して、「初めに言《ことば》があった。言は神と共にあった。言は神であった。……そして言は肉体となり、わたしたちのうちに宿った。わたしたちはその栄光を見た」(一章一、一四節)とありますから、使徒ヨハネも、その言葉を筆記した者も、共にキリストの素晴《すば》らしい栄光の御姿《みすがた》の目《もく》撃者《げきしゃ》でした。

ここで「見た」と訳《やく》されている「θεαομαι《セアオマイ》 見る」という原文のギリシア語は、「目をハッキリと開いて、つらつら凝視《ぎょうし》する」という意味ですから、抽象的《ちゅうしょうてき》・非歴史的なことを想像して書いたのではない。ありありと神の霊がイエスに降下《こうか》受肉し、見えない神が見えるように自己《じこ》証明された栄光を、ヨハネはハッキリ「見た」と証言しているのです。

ヨハネ伝の書かれた目的

しかし、そのキリストに対する第四福音書の見方は、他の福音書と比較《ひかく》すると非常に違《ちが》っており、独特なキリストの捉《とら》え方をしています。

マルコ伝は最も古い福音書で、そのキリスト観は素朴《そぼく》です。マタイ伝はユダヤ人に向けて書かれただけに、極《きわ》めてユダヤ的なメシア(キリスト)観をもっています。ルカ伝を書きましたルカは、異国《いこく》に育ちギリシア語に優《すぐ》れていました。彼は、ローマ帝国《ていこく》の大官に対して書きましたから、ルカ伝は世界的な宗教としてのキリスト教を紹介《しょうかい》しています。

これらに比してヨハネ伝は、地上的・現世的なイエスの姿《すがた》よりも、もっと宗教的・霊的な神の子としてのイエス・キリストを描《えが》いています。

ヨハネ伝二〇章三一節を読むと、

「これらのことを書いたのは、あなたがたがイエスは神の子キリストであると信じるためであり、また、そう信じて、イエスの名によって命《ゾーエー》を得るためである」と、この福音書が書かれた目的が明確に示されています。

ここで「ζωη《ゾーエー》 命」というのは、地上的、肉体的な命ではなく、永遠の生命のことです。すなわち、イエスが神の子メシア（救世主）であることを示し、そのイエスを信じることによって、私たちも神の子イエスと同様に永遠の生命の持ち主となるように、というハッキリした編集方針《ほうしん》をもって書かれています。

ヨハネ伝は親切です。こうして読み方まで書いてある。ですから、このことを他人事《ひとごと》とせず、私たち自身も永遠の生命を得て、神の子らしく、他と違《ちが》った人間になることが大事です。

このヨハネ伝には、他の福音書と重複する記事は少なく、イエスがカナの婚宴《こんえん》で水をぶどう酒に変えた奇跡《きせき》、ニコデモとの霊的新生についての対話、サマリヤの女との「生命《いのち》の水」問答、ベテスダの池の傍《かたわ》らでの癒《い》やし、羊飼いの譬《たと》えなど、ヨハネ伝に独特の記事が続いているのも、特に宗教的な読み物としての目的に沿《そ》って書かれているためです。

宗教的人間にとって最大の関心事は、「いかにしたら、永遠の生命を得るか」ということです。それには、現に永遠の生命をもっているイエス・キリストに信じ、知ることがまず大事です。神の子キリストに宿っていた永遠の生命こそ、ヨハネ伝の最大の焦点《フォーカス》です。

この立場を理解して学ぶと、ヨハネ伝はよくわかります。

この永遠の生命こそは、あらゆる高等宗教の眼目であり、大乗仏教ではこれを「無量《むりょう》寿《じゅ》」と呼《よ》んで、古来、多くの先達がこれを受《う》け嗣《つ》ぐことに生涯《しょうがい》をかけて精進《しょうじん》しました。私たちも、この地上の短い生涯の中で永遠の生命を受け嗣ぐために、一生をかけても聖書を学びたい。それだけ学びがいのあることだからです。

如是我聞《にょぜがもん》の立場

ヨハネ伝に独特な書き方の一つに、「我は道なり、真理《まこと》なり、生命《いのち》なり」とか、「我は世の光なり」「我は生命のパンなり」などと、「我」を主語にして断言的な言い方をする表現が多くあります。これは、「彼」を主語にした伝聞的な言い方よりも、はるかに力強く訴《うった》える表現法です。「開祖がこう言った……」という表現は、どうもまだるっこしい。むしろ断定的に、「我に信ぜよ」と表現したほうが訴えてくる。なぜなら、宗教は理屈《りくつ》の考え事ではなく、信じることだからです。

このように、「我」を主語とする断言的な表現は、ヨハネ伝だけではなく、ギリシア哲《てっ》学《がく》でもプラトンがソクラテスの思想を言うのに用いていますし、大乗仏教では「如是我聞《にょぜがもん》(このように私は聞いた)」という言葉が頻繁《ひんぱん》に用いられています。

大乗仏教は、釈迦《しゃか》が没《ぼっ》して六、七百年後に生まれました。これは釈迦の説いた原始仏教、すなわち小乗仏教が個人的な自分ひとりの悟《さと》りの境地を説くのに対して、多くの他者をも救う立場を取っています。

大乗の経典には、般若経《はんにゃきょう》、法華経《ほけきょう》、維摩経《ゆいまきょう》、華厳経《けごんきょう》などがありますが、これらを読むと、「このように私は聞いた」といって盛《さか》んに釈迦の言葉を引用している。六、七百年も昔の釈迦の言葉を聞けるはずはないのに、瞑想《めいそう》状態で聞いたというのです。

これを、如是我聞の立場といいます。ヨハネがキリストの言葉を引用して、直接話法で書いているのも、ある意味では如是我聞の立場といえるでしょう。

正法《しょうぼう》・像法《ぞうぼう》・末法《まっぽう》

どうしてヨハネ伝のような、他の共観福音書*と著《いちじる》しく違《ちが》った福音書ができたのか。

それは、当時のキリスト教に真の信仰の進路を与《あた》えるためだ、と思われます。

イエス・キリストのご召天《しょうてん》後すでに六、七十年が経《た》ち、初代教会は霊的に生き生きとしていた反面、未熟《みじゅく》さのゆえに、外部からのさまざまな誘惑《ゆうわく》や攻撃《こうげき》に対しては脆弱《ぜいじゃく》な面をもっていました。また、内部的な腐敗《ふはい》や信仰の変質の危険《きけん》にもさらされていました。

老ヨハネは、若《わか》いエクレシア（キリストに召《め》された者の群れ）に対して最も重要なポイントをしっかりと打《う》ち込《こ》んで、その進むべき方向づけを試みたのでしょう。

宗教は、その時代、その時代に応じて説かれなければなりません。

たとえば仏教では、正法《しょうぼう》・像法《ぞうぼう》・末法《まっぽう》の時代があるといいます。

正法の時代とは、釈尊《しゃくそん》在世とこれに次ぐ時代で、仏教の真理が正しく行なわれ、証《あか》しされる時代です。しかし、だんだん証しというものが廃《すた》れていって、像法の時代になると宗教の形だけが行なわれ、現実にありありと証明されなくなる。さらに末法の時代になると、教義・教理が中心となり、形や行ないさえも無視《むし》されて、ただ教えだけが残る。

このような話をするのは、仏教の例《たと》えで申し上げると私たち日本人にはわかりやすいからですが、宗教を理屈《りくつ》や議論《ぎろん》の事としている現代のキリスト教の実態を見ると、まさに末法の時代です。もし、キリストが生きておられて、信ずる者を救うというならば、私たちには「救われた」という証《あか》しが伴《ともな》うはずです。本来宗教は、信じて行なうならば、しみじみとありがたくて、たまらなくなる味わいがあるものです。

今日、この集会で、松井濱子《はまこ》さんがお話しになりました。濱子さんは、病気で腎臓《じんぞう》は機能しなくなりましたが、死を恐《おそ》れず希望に満ちて、「キリストのご愛が嬉《うれ》しくてならない」と周囲に証ししておられます。このように、神に信じて生きるということが、どんなにうましいことであるか、ありがたいことであるかは、味わった人でなければわかりません。

松井濱子さん

宗教の中身を味わって、現実にありありと証しすることができなくなったら、もはや悟《さと》りということはありません。宗教を頭で考えると、哲学《てつがく》や神学の対象にはなるかもしれません。だが、それは末法の世の信仰であって、議論《ぎろん》や理屈《りくつ》では人は救われません。

また「行ない」ということについても、神に救われた人間は救われた者らしく、ほんとうに「ありがたい」という気持ちがなければ、どんなに慈善《じぜん》事業をしようと、これは像法《ぞうぼう》の程度の信仰です。

文底秘沈《もんていひちん》を掬《すく》え

ヨハネ伝二一章二四節に、

「彼(ヨハネ)のあかしが真実であることを、わたしたちは知っている」とありますが、宗教を真に証《あか》しするとは、ただ病気が治るといった奇跡的《きせきてき》なしるしを語ることではありません。奇跡の事件が大事なのではなく、そのような奇跡を惹《ひ》き起《お》こす雰囲気《ふんいき》、力、その内容の生命がどうであったかが問題なのです。永遠の生命をもつキリスト・イエス——これに倣《なら》い、この生命を私たちも受《う》け嗣《つ》ぐ者にならなければならぬ、とヨハネ伝は説いているんです。

この「永遠の生命がこの身に成る」ことを説くヨハネ伝の立場は、「*久遠実成《くおんじつじょう》」を眼目とする法華経《ほけきょう》の立場と酷似《こくじ》しており、極《きわ》めて東洋的な味わいをもつものです。

法華経の経文に秘《ひ》められている法のことを「文底秘沈」ということがありますが、文の底に、言葉の底に沈《しず》んで隠《かく》されているものを見抜《みぬ》くことを証しといいます。宗教の理解は、言葉の表面を概念《がいねん》として捉《とら》えることではない。それは、学校の勉強でのわかり方です。言葉の底に沈《しず》んで隠《かく》されたこと、すなわち「文底秘沈《もんていひぢん》」をハッと見抜《みぬ》いて、目に見えぬ神が語りたもうことを知る、これを証悟《しょうご》(悟《さと》りを開く)というのです。

ヨハネ伝を学ぶに当たっては、言外の意を汲《く》むことが大事です。「文底秘沈」を議論《ぎろん》としてではなく、真に魂の奥底《おくそこ》に掬《すく》い上《あ》げることができるならば、ヨハネによる福音書は私たちにとって、真実の魂の糧《かて》となるでしょう。

これからご一緒《いっしょ》にヨハネ伝を読んでゆきますが、どうぞ、私たちは宗教を議論事でなくして、悟り、証《あか》ししたく思います。

(一九七二年十一月十二日　①)

＊エウセビオス…二六〇(?)～三三九年。キリスト教界最初の教会史家。主著《しゅちょ》である『教会史』十巻は、現在では散逸《さんいつ》した初代教会の多くの資料を含《ふく》み、四世紀初めまでのキリスト教会についてのかけがえのない著作となっている。

＊永遠の生命…永遠の生命の内容については、補講《ほこう》Ⅰ「永遠の生命」(三四三頁)を参照。

＊イレニウス(エイレナイオス)…一三〇(?)〜二〇〇年(?)。リヨンの司教。使徒ヨハネの弟子《でし》
ポリカルポスの教導で聖職につき、多くの改宗者を生み出す。現在われわれが手にする新約諸《しょ》
文書《ぶんしょ》のほとんどを、『旧約聖書』と同様に「聖書」とみなした最初の人。

＊アレクサンドリアのクレメンス…一五〇(?)〜二一五年以前。キリスト教史上最初の体系的《たいけいてき》神
学者。豊かなギリシア的教養に基《もと》づいて、キリスト教を異教《いきょう》世界に弁証《べんしょう》した。

＊テルトゥリアヌス…一六〇(?)〜二二二年(?)。初期キリスト教会の教父。神の啓示《けいじ》は超理《ちょうり》
性的《せいてき》であるとして、ギリシア哲学《てつがく》を排撃《はいげき》。「不合理ゆえにわれ信ず」という言葉は有名。

＊教父…初期キリスト教会の精神的指導者、神学的著作家《ちょさくか》のこと。

＊共観福音書…ヨハネ伝以外の三つの福音書(マタイ伝、マルコ伝、ルカ伝)は、相互《そうご》に密接《みっせつ》な関
係を保っており、共観福音書と呼《よ》ばれる。

＊久遠実成《くおんじつじょう》…歴史に現れた釈迦《しゃか》は仮の姿《すがた》で、久しく遠い過去に悟《さと》りを開いて成仏《じょうぶつ》し、以来、
人々を教化しつづけているのが真実の釈迦である、という法華経《ほけきょう》の説。

〔第二講　聖句　ヨハネ伝一章一～五節〕

1初めに言《ことば》があった。言は神と共にあった。言は神であった。2この言は初めに
神と共にあった。3すべてのものは、これによってできた。できたもののうち、一
つとしてこれによらないものはなかった。4この言に命があった。そしてこの命は
人の光であった。5光はやみの中に輝《かがや》いている。そして、やみはこれに勝たなかっ
た。

第二講

神の言《ことば》・キリスト　ヨハネ伝一章一～五節

初めに言があった。言は神と共にあった。言は神であった。この言は初めに神と共にあった。（一章一、二節）

旧約聖書の冒頭《ぼうとう》に、

「はじめに神は天と地とを創造《そうぞう》された」（創世記一章一節）とあります。それに倣《なら》って、ヨハネ伝もまず、

「初めに言があった。……言は神であった」（一章一節）と書きだしております。

この「初めに」というのは、初めがあるから終わりがある、というような「初め」では

ありません。ありとしあらゆるもの、天上地上の一切《いっさい》のものが存在《そんざい》する以前を「初め」と言っています。昔の聖書では「太初に」となっていましたが、そのほうが原意に近いかもしれません。

神は在《あ》る！

太初に何が在ったか、それは神が在ったのである、という立場でヨハネ伝は宗教を説いている。そして、神は今も在りつづけている。日本のキリスト教会では、「神が在るか、無いか」ということが盛《さか》んに議論《ぎろん》されます。しかし、聖書はそういうことを問題にしていません。こういうところ、聖書の読み方の基本から違《ちが》っています。

神が在るとか、無いとかではない。それは、私たち人間が生まれる以前から在ったのであって、これはもう議論の余地がない。在るものは、どんなに否定《ひてい》したって存在する。私たちも、そういう立場で信仰を始めなければ駄目《だめ》です。

初めに神の言《ことば》が在った、神は在るのである！　これは、人間、誰《だれ》にでも宗教心がありますから、それさえ目覚めておれば当然わかることです。

「言《ことば》は神であった」（一章一節）

ヨハネ伝におけるこの「言」は、原文のギリシア語では「λογος《ロゴス》」といい、キリストの別名として用いられています。それで、西洋の注釈書《ちゅうしゃくしょ》などを読みますと、「言（ロゴス）はキリストを指し、キリストと神とが、＊三位《さんみ》一体《いったい》からいえば同位である」などと書いてある。だが、ここはそういう意味で言っているのではありません。「この言は神的なものであった」ということです。

どうしてヨハネ伝はこのような書き方をしているかといいますと、それには、当時の宗教事情を知る必要があります。

聖書の歴史の初めの頃《ころ》は、神と人とが近しい関係にありました。父祖アブラハムは神様と親しく語り合い、モーセや預言者たちも同様でした。旧約聖書に、「人がその友と語るように、主はモーセと顔を合わせて語られた」（出エジプト記三三章一一節）と書かれているとおりです。しかし宗教の力が衰《おとろ》えてきますと、「あんまり神様となれなれしくしてはいけない」などと言って、だんだんと高いところに奉《たてまつ》り、もったいぶった表現を取るようになります。

ヨハネが生きた当時は、神様を奉《たてまつ》るあまり、ユダヤ人は神様を人格的に表すことをはばかるような時代でした。たとえば創世記《そうせいき》の冒頭《ぼうとう》に、「神は『光あれ』と言われた。すると光があった」（創世記一章三節）とありますが、それでは神様があまりにも人間的に表現されてしまうといって、「神の言が光を創《つく》った」というように、婉曲《えんきょく》な言い回しがされていました。そのような背景《はいけい》もあったのでしょう。

また、このヨハネ伝が書かれたエペソは、ヘレニズムの文化圏《ぶんかけん》にありました。そこに住むギリシア語を話す人々に、ユダヤ人の思想である「メシア（キリスト）」と言ってもわかりませんから、このように表現して神の子イエスを説いたのだとも考えられます。

言霊《ことだま》の幸《さきわ》う国

この「言《ことば》」は、ふだん人間が語るような、ただの言葉のことではありません。

現代は言葉の価値《かち》が薄《うす》くなり、みんなベラベラしゃべって、ちっとも言葉に誠《まこと》がない。

だが、昔の人々はそうではありませんでした。『古事記《こじき》』や『万葉集』などを読むとわかりますように、「日本は言挙《*ことあ》げせぬ国、言霊の幸う国だ」という思想がありました。

すなわち、言《ことば》というものは、単に意思を伝達する手段《しゅだん》ではない。言には霊がある。そして、実弾《じつだん》を発射《はっしゃ》すれば、それが人に影響《えいきょう》を及《およ》ぼすように、言には猛烈《もうれつ》な力がある、と信ぜられていました。だから、言の力がむやみに発動されることを恐《おそ》れて、大事なことはあまり口に出さない。それで、「言挙《ことあ》げせぬ国」と言ったんです。

旧約聖書にも同じようなことがあります。

イスラエル民族の父祖イサクの子、エサウとヤコブの物語を読みますと、イサクは死ぬ前に、長子のエサウに祝福を与《あた》えようとしました。しかし妻のリベカは、弟のヤコブのほうを兄のエサウより愛していたので、老年になって盲目《もうもく》となったイサクをだましてヤコブを祝福させました。イサクは、ヤコブの声を聞いて変に思いましたが、「神の恩恵《めぐみ》が、どうぞこの子に臨《のぞ》むように」とヤコブに手を按《お》き、祝福しました(創世記《そうせいき》二七章)。後に、兄のエサウが「私を祝福してください」と言いますが、たとえ間違《まちが》いでも、ひとたび祝福の言を述べたら、もう取り消しがきかない。父イサクは悔《く》やみましたが、そのくらい言の力というものを重んじていたことがわかります。

それが聖書の思想です。聖書の他の箇所《かしょ》を開いてみても、

「わが口から出る言葉も、むなしくわたしに帰らない。わたしの喜ぶところのことをなし、わたしが命じ送った事を果す」(イザヤ書五五章一一節)とか、

「わたしの言葉は火のようではないか。また岩を打《う》ち砕《くだ》く鎚《つち》のようではないか」(エレミヤ書二三章二九節)などとあって、神の言《ことば》は火のような、鎚で打ち砕くような力を含《ふく》んでいて、何かをなさずにおかない、と言っています。そして、現実にそのとおりであったことが聖書に記されています。

法身《ほっしん》・報身《ほうじん》・応身《おうじん》

「言は神と共にあった。言は神であった。この言は初めに神と共にあった」(一章一、二節)。ここで使われている「*προς*《プロス》 〜と共に」というギリシア語は「傍《かたわ》らに、向かい合って、対座《たいざ》して」という意味です。それを訳《やく》して、

「言(ロゴス)は神と相対座してあった。そして言は神であった」となりますと、

「では、ロゴスと神とは、どんな関係なんですか」という疑問《ぎもん》が湧《わ》いてきます。

詮索《せんさく》好きな西洋人は、この句を分析《ぶんせき》して、「父なる神、子なる神、聖霊なる神」という

三位一体《さんみいったい》の教理を作り上げました。

けれども、私たち東洋人にとっては、西洋流に神を議論《ぎろん》の対象にして、「三位一体論」などと、三人格分裂《ぶんれつ》の問題にして取《と》り扱《あつか》うことは、どうも魂にしっくりときません。

ところで大乗仏教には、一つの仏に対して「法身《ほっしん》、報身《ほうじん》、応身《おうじん》」と呼《よ》ぶ三身《さんしん》の教えがあります。

「法身」というのは、永遠不滅《ふめつ》の真理、すなわち仏陀《ぶっだ》の本質を指します。

「報身」とは、永遠なる真理の具体的功徳《くどく》、人格力です。

「応身」とは、真理そのものが衆生済度《しゅじょうさいど》のために肉の身をとって、具体的に世に現れた人格身です。

これは仏教の考え方ですが、それを聖書に当てはめると、次のようになるでしょう。

永遠の真理や神の本質といっても目には見えません。この本質的な神を「父なる神――法身」と呼ぶならば、その生命力は「聖霊――報身」であり、その聖霊が具体的に人間となって現世に現れるときに「メシア・キリスト――応身」と呼べましょう。

このように説いてくれれば、私たち日本人にもわかります。

キリストは神の自己《じこ》表現

それでヨハネ伝では、神の意思を表示するものを「言《ことば》（ロゴス）」と呼《よ》んでいます。たとえば、私がここに存在《そんざい》していますが、自分の心を表現するのに言葉を用います。私の体と心と言葉とは一つです。それらは切っても切れるものではありません。

「言は神であった」（一章一節）とありますが、私が黙《だま》っていたら、私が何を思っているのか皆《みな》さんにはわからないですね。同様に、私たちが神様を知ろうと思っても、人間の側からどれだけ考えてもわからない。人間が努力したら神がわかるというのは錯覚《さっかく》です。努力は必要だけれども、神様が応《こた》えてくださらなければわからない。神様の側から語りかけてくださらなければ、神様ご自身のお気持ちに触《ふ》れることはありません。

私たちが自分の心を表現するのに言葉を用いるように、神様は御心《みこころ》をキリストによって表現される。キリストは、神の言——神の意思そのもの、神の自己表現なのです。一章一四節には、そのキリストについて、

「言は肉体となり、わたしたちのうちに宿った。わたしたちはその栄光を見た。それは父

のひとり子としての栄光であって、めぐみとまことに満ちていた」とあります。私たち人間は、イエス・キリストとして顕現《けんげん》された神を見ることによって、恵《めぐ》みと真《まこと》に満ち、愛と義と善意《ぜんい》でありたもう「神の本質」を見ることができるんです。神は目に見えませんから、神と共にあった言《ことば》が肉の身をまとって世に現れなければ、人間がどんなに暗中模索《あんちゅうもさく》し、推測《すいそく》してみても、神をありありと実感することはできません。

誰《だれ》も神を見ることはできない。ただ、神の懐《ふところ》にいましたロゴス(言)なるキリストだけが、神ご自身を表すことができる(一章一八節)。それで神様は、キリストを地上に送り、人間にまで身を落とし、その肉を十字架《じゅうじか》上に裂《さ》いて、血を流させてでも人間を贖《あがな》おう、贖おうとされる御心《みこころ》を示されたのでした。

ですからキリストの宗教は、哲学《てつがく》や神学によって頭で考えられた神を信ずることではありません。私たちが、「神は生きていましたもう」と言うからには、「神様、私の病気を治してください。この苦悩《くのう》のただ中から救い、問題を解決してください!」という訴《うった》えに対して、ありありと応《こた》えてくださる神を体験するのでなければ、神についての議論《ぎろん》は虚《むな》しいことです。

神の一言《いちごん》に成る

すべてのものは、これによってできた（成った、生じた）。できたもののうち、一つとしてこれによらないものはなかった。（一章三節）

神が初めに天地を創造《そうぞう》された時、「地は形なく、むなしく、やみが淵《ふち》のおもてにあり、神の霊が水のおもてをおおっていた」（創世記一章二節）とありますが、そのように無秩序《むちつじょ》で混沌《こんとん》たるものに秩序を与《あた》えるのは、神の言《ことば》です。

「神は『光あれ』と言われた。すると光があった」（創世記一章三節）とあるように、神の一言に反応して、霊のエネルギーは動き出し、一切《いっさい》のものは言（ロゴス）によってその形を現してきた。心と言は二つのものではありません。神の意思、心は、言で表現され、その言のとおりに創造が成ってゆく。そのように神の言というものは、ものすごい力をもっている、と信じているのが聖書です。

私たちが住んでいる東京には、戦後ずいぶん大きな建物が建つようになりました。また、重化学工業の工場機械は音を立てて動いている。いかめしいコンクリートの建物は、いつまでも建ちつづけるように見えます。またこの文明は、先々長く続くように思えます。

しかし、ほんとうにそうでしょうか。

先の戦争で、原子爆弾《ばくだん》が一発落ちたら、広島じゅうが焼け野が原になってしまった。

もし第三次世界大戦が起きて、広島に落ちた原爆の数千倍の威力《いりょく》があるといわれる水爆が用いられれば、日本列島は五発か六発で消滅《しょうめつ》し、何も残らないでしょう。そう考えると、私たちの住む物質文明が、強そうでも、反面、なんと薄弱《はくじゃく》なものだろうかと思います。

今、政治の世界では、しきりに「*日本列島改造」などと言われています。

それならば、目に見える物質ではなく、もっと確実な、一切《いっさい》のものの根底にある揺《ゆ》るがない基礎《きそ》の上に新しい文明を作り上げなければいけないのではないか、と考えさせられます。その基礎とは何でしょう。

それは、目には見えないようですけれども、神の言《ことば》です。

神の言が一切を創《つく》りなすのです。これは聖書信仰の前提です。

原爆下《げんばくか》の久保田豊氏

旧約聖書の原文であるヘブライ語で「דבר《ダバル》言葉」というのは、本来「事柄《ことがら》の背後《はいご》にあるもの」という意味です。すべての事柄の背後に言葉があって、ひと言発すれば霊が動き、信じたように事柄が成り立つ。これは、日本語の「言霊《ことだま》の幸《さきわ》う」信仰に似ております。

そのことで思い出すのは、長崎の三菱製鋼《みつびしせいこう》の社長だった久保田豊さんのことです。

昭和二十年八月九日、長崎にB29が飛来して原子爆弾《ばくだん》を落としました。すると、一瞬《いっしゅん》のうちに浦上《うらかみ》一帯は焼け野が原になってしまいました。原爆の真下にありました三菱製鋼所も、すっかり廃墟《はいきょ》となってしまった。

当時、製鋼所の所長であった久保田豊さんは、書類を取りに地下室に行っていたので一命は助かりましたが、地下室から出てみると、家も草木も工場もすべてが跡形《あとかた》もなく燃《も》え尽《つ》きて、十数万の人が死傷し、阿鼻《あび》叫喚《きょうかん》の地獄《じごく》となっていた。久保田さんは、放射線《ほうしゃせん》のたださす中で事後処理《しょり》を続けられましたが、それから七日後のこと、生き残った二人のお嬢《じょう》さんが所長室にたどり着かれました。

家も何もかも失い、お母さんも死んでしまって、泣《な》き崩《くず》れる二人のお嬢《じょう》さんたち。慰《なぐさ》めるにも慰めるすべもなく、蚊《か》やハエを団扇《うちわ》で追ってやりながら、久保田さんは茫然《ぼうぜん》となっておられた。その時、その時でした、雷《かみなり》のように一つの声を聴《き》かれました、

「恐《おそ》れるな、進め、汝《なんじ》を助ける者多し！」と。

それは、日本が降伏《こうふく》した翌日《よくじつ》の八月十六日のことでした。

久保田豊さん

神の声を聴いて魂を打《う》ち震《ふる》わされた久保田さんは、決心して会社の再建に乗り出されましたが、多くの人々は笑いました。「もう戦争は終わったじゃないか。今さら何のために鉄鋼《てっこう》の生産だろうか」と。だが、久保田さんは社長となって東奔西走《とうほんせいそう》し、数年後には以前よりも立派《りっぱ》な工場を再建してしまわれました。

久保田さんは、ただ一言聴いただけでした。その時に、周囲が何と言おうと、「神がこう言っ

ておられるから、私は再建する」と言って、会社再建を成《な》し遂《と》げてしまった。そのお働きに多くの人が驚《おどろ》きました。しかし久保田さんは、

「神の言葉は偉大《いだい》ではないですか。鉄床《かなとこ》二つくらいしか残っていなかった焼けただれた土地に、このような大工場が早くも再建できたんです。人の助けは天の助け。不思議な助けが、次々と差《さ》し伸《の》べられたからです」と言って、ご自分の功績にされず、神の声に従《したが》ったから助けられ、成功した次第《しだい》をいつもお話しでした。

お互《たが》いもせっかく信仰する以上、神に祈り、神の声をひと言でも聴《き》いて、まっしぐらにそれを実行する信仰をもちたいと願わずにはおられません。

ロゴスは力を含《ふく》む

マタイ伝八章を開くと、イエス・キリストの御許《みもと》にローマの百卒長が来て、彼の僕《しもべ》が病に苦しんでいることを訴《うった》えた記事があります。求めに応じてイエスが行こうとされると、百卒長は、

「主よ、わたしの屋根の下にあなたをお入れする資格は、わたしにはございません。ただ、

お言葉を下さい。そうすれば僕《しもべ》はなおります」（八節）と言いました。「ただ、お言葉を下さい」は、ギリシア語原文では「ただ、ひと言で、言ってください」です。

ただ、ひと言で癒《い》やされる！　イエスはその信仰を見て非常に感心して、ついて来た人々に「イスラエル人の中にも、これほどの信仰を見たことがない」と言われ、百卒長に「行け！　あなたの信じたとおりになるように」と言われた。すると、ちょうどその時に僕は癒やされた。

ひと言でもいい。イエス・キリストが言《ことば》を発せられたら、その瞬間《しゅんかん》に、死にそうな病人が治った。キリストは、そのくらい言霊《げんれい》の力をもつお方でした。そのような言霊の作用を主題にしているのが、聖書です。聖書は、ただありがたい神の言葉を書いた本、というものではありません。

今でも聖書と同様な信仰があれば、神の一言《いちごん》でバッと奇跡《きせき》が起こるんです。

こういう神の言とは、ただ議論《ぎろん》をするときの論理的な言葉という意味ではない。もちろん、理性的な意味の言葉も含《ふく》んでいますが、もっと驚《おどろ》くべき内容のあるものをロゴスと呼《よ》んでいるんです。宇宙《うちゅう》の根底に横たわっているもの、言の霊ともいうべきものが少しでも動きはじめたら、あっという間にえらいことを成《な》し遂《と》げる。ロゴスというとき、このような力を含《ふく》んでいます。

生命《いのち》の言《ことば》

この言に命があった。そしてこの命は人の光であった。光はやみの中に輝《かがや》いている。そして、やみはこれに勝たなかった。

（一章四、五節）

神の言霊《げんれい》が少しでも動きはじめたら、あれよあれよという間にものすごいことになる。それは、「この言に命があった」（一章四節）からです。言葉の中に生命《ゾーエー》がある。人は、「言葉に生命があるだろうか。言葉は音ではないか。音は空気の振動《しんどう》ではないか」と思うかもしれない。しかし、実際に生命の言葉、その一言《いちごん》で何かが起きる言葉があります。「文字によっては革命《かくめい》は起きない。言葉によって革命は起きる」と言った人があるが、偉大《いだい》なことをする人は、こういう「言葉」を知っていますね。言葉に生命があるとき、それは感情を含みます。

たとえば、この集会でも、とうとうと立て板に水を流すような話は皆《みな》に感動を与《あた》えません。しかし、ご婦人が神の恩寵《おんちょう》を泣《な》き崩《くず》れるようにしてお話しされると、皆もらい泣きします。それを文章にしたら、大したことは言っていないように思えますが、それはただ文字にしただけなら生命《いのち》がなくなるからです。でも、生命のある言葉、愛のある言葉が実際に語られる時は、ひと言葉でもジーンと胸《むね》にこたえます。

闇《やみ》から光の世界へ

「そしてこの命は人の光であった」（一章四節）

ここでいう光は、ただ電灯が照らすような光でしょうか。そうではないですね。心の光、魂の光です。真っ暗な中で悩《なや》み苦しんでいる状況《じょうきょう》、暗闇で泣きわめいている人々に与えられるべき、生命の光のことです。この生命の光が暗黒の中で照りわたっている。

「そして、やみはこれに勝たなかった」（一章五節）

この「*καταλαμβανω*《カタランバノー》　勝つ」というギリシア語には「打ち勝つ、捕《と》らえる、追いつく」などの意味があります。ですから、光と闇とが戦って、「闇が勝たなかった」「闇は光に追いつかなかった」などと訳《やく》せます。あるいは、「(火を)消す」といったようなときにも使いますので、暗闇《くらやみ》の力が強くとも、「光を消せなかった」とも訳せる。いろいろに解釈《かいしゃく》でき、どれも本当です。

ペルシャのゾロアスター教*には、光と闇が戦うという思想がありました。紀元前六世紀、ユダヤ民族は国を滅《ほろ》ぼされ、民《たみ》は遠くバビロンに連れてゆかれました。その後、ペルシャのクロス王の出現により解放されるという、自分たちの力ではない、思いがけない体験をして驚《おどろ》きました。「いつまでも暗黒時代が続くのではない、解き放たれる」というのはゾロアスター教の信仰ですが、これが聖書の思想に影響《えいきょう》してゆきます。

私たちの短い人生でも同様です。いつまでも暗黒時代が続くものではない。ある限界に到達《とうたつ》すると、神様は人知の及《およ》ばぬ方法で光の世界に移してしまわれます。

滅びる者を贖《あがな》う愛

私たちが、この世の真っ暗な罪の世界、物質に閉《と》じ込《こ》められているような世界から、神の光を見るということは、なかなか難《むずか》しいです。神様のほうから御姿《みすがた》を現し、光を照らしてくださらなければ、わからない。不思議な贖《あがな》いの犠牲《ぎせい》というものがないならば、なかなか私たちは罪性《ざいしょう》を悔《く》いず、魂は目覚めません。

こんなことがありました。

私の末弟のことですが、彼が勤《つと》め先の売上金を使《つか》い込《こ》んでしまった。返そうと思っておったが、返せなくなった。それで、高利貸しから高い金利で借金をして埋《う》め合《あ》わせようとしたら、いよいよ返せなくなった。結局、大変な借財になりました。兄である私は、「うちには返すだけの金がないから、おまえも覚悟《かくご》しろ」と言いますと、弟も、「それじゃあ覚悟します」と言いました。

「そうか、まあブタ箱に入るのも人生勉強になるよ」という話をしました。

ところが、それを知った母は、気が狂《くる》ったようになりました。

「なんということを言いますか！　あの可愛《かわい》い子が警察沙汰《けいさつざた》になるとは何事ですか。兄であるあなたが何とかしてやりなさい！」

「いや、執行猶予《しっこうゆうよ》になるから大丈夫《だいじょうぶ》だよ」

「それでも、私はいやです！」

母は、借金の穴埋《あなう》めにと、わが家の不動産から何から全部売り払《はら》ってしまいました。あんな時に、女親は何をするかわからないですね。愛はそんなです。しかし、そのことのゆえに、弟はとうとう警察《けいさつ》にも行かずに済《す》みました。母の気持ちは、それだけでも十分だったんです。その後、弟は真面目《まじめ》に今も暮《く》らしています。

聖書の言葉を、ただ理屈《りくつ》として読んでいる間はわかりませんけれども、自分が生きられるのは、また幸福に過ごせるのは、誰《だれ》かの犠牲《ぎせい》があるからだ、贖《あがな》われたからだということがわかりますと、もったいない自分だということに気がつきます。

滅《ほろ》びゆく魂を不思議に引き上げ、救おう、贖おうとする愛が大宇宙《だいうちゅう》に存在《そんざい》することを知る時に、私たちはその贖いの愛に感激《かんげき》して、生きぶりが変わってきます。ほんとうに人生が違《ちが》ってきます。

この体験を抜《ぬ》きにして、三位一体《さんみいったい》の理屈がわかった、真理を悟《さと》ったなどと論《ろん》じても、全く虚《むな》しいことです。これは、聖書を読む態度を申し上げているのですが、これからヨハネ伝を読みつつ、この書の中に秘《ひ》められたキリストの贖いの生命《いのち》に触《ふ》れとうございます。

神様、どうか私たちに、あなたの御言葉《みことば》を、御心を味わわせてください！

（一九七二年十一月十二日　②）

＊三位一体《さんみいったい》…神は、「父なる神、その子キリスト、聖霊」という三つの位格（ペルソナ）をもつが、神であることにおいては、一つの実体として存在《そんざい》するという、キリスト教の教義。ただし、新約聖書には「三位一体」という語はない。

＊言挙《ことあ》げ…言葉に出して言い立てること。万葉集に「蜻蛉島大和《あきづしまやまと》の國《くに》は神《かむ》からと言挙げせぬ國（この日本の国は、神意のままに、自分の考えを言葉に出してはっきり言わない国である）」とある。

＊日本列島改造…一九七二年、田中角栄内閣《ないかく》によって打ち出された構想。日本の産業構造と地域《ちいき》構造を改革《かいかく》して、過密《かみつ》と過疎《かそ》の弊害《へいがい》を解消することを目的とした。しかし、猛烈《もうれつ》な土地投機とインフレを招いて頓挫《とんざ》した。

＊ゾロアスター教…ペルシャの預言者ゾロアスターが創始《そうし》した宗教。善神《ぜんしん》をアフラ・マズダ、悪神をアーリマンと呼《よ》ぶ二元教。この世は、善神と悪神の闘争《とうそう》の場であるが、最後は善神が勝利し、すべての人が救われると説く。善神の象徴《しょうちょう》は太陽、火などで、拝火教《はいかきょう》ともいわれる。

〔第三講　聖句　ヨハネ伝一章六〜一三節〕

6ここにひとりの人があって、神からつかわされていた。その名をヨハネと言っ
た。7この人はあかしのためにきた。光についてあかしをし、彼によってすべての
人が信じるためである。8彼は光ではなく、ただ、光についてあかしをするために
きたのである。
9すべての人を照すまことの光があって、世にきた。10彼は世にいた。そして、
世は彼によってできたのであるが、世は彼を知らずにいた。11彼は自分のところに
きたのに、自分の民《たみ》は彼を受けいれなかった。
12しかし、彼を受けいれた者、すなわち、その名を信じた人々には、彼は神の子
となる力を与《あた》えたのである。13それらの人は、血すじによらず、肉の欲《よく》によらず、
また、人の欲にもよらず、ただ神によって生れたのである。

第三講

神の子は血統によらず

ヨハネ伝一章六〜一三節

世の偉人《いじん》や英雄《えいゆう》の伝記を読むと、私たちはその偉大さに驚《おどろ》きます。それとともに、自分を顧《かえり》みては、あまりの貧弱《ひんじゃく》さに泣きたいほど劣等感《れっとうかん》に悩《なや》みます。

しかし、イエス・キリストのご誕生《たんじょう》ぶりは、私たちより以下で、お気の毒でした。泊《と》まる宿もなく、お生まれになった時は飼《か》い葉桶《ばおけ》の中に寝《ね》かされました。無学なナザレの田舎《いなか》大工の子でしかなかったイエスは、伝道の旅をしても枕《まくら》するところなく、人々から迫害《はくがい》されつつ、最後にはエルサレムで十字架《じゅうじか》にかけられて死なれました。

しかし今や、全世界から仰《あお》がれる神の人です。

腐《くさ》り果《は》てた人間の血統の中から、イエス・キリストのような神聖な神の子が誕生してくるということ、ここに福音《ふくいん》があります。

キリストを指し示した人

ここにひとりの人があって、神(の側)からつかわされていた。その名をヨハネと言った。この人はあかしのためにきた。光についてあかしをし、彼によってすべての人が信じるためである。彼は光ではなく、ただ、光についてあかしをするためにきたのである。
(一章六～八節)

ここに出てくるヨハネは、イエスに洗礼《せんれい》(バプテスマ)*を施《ほどこ》した洗礼者ヨハネのことです。彼は、

「女の産んだ者の中で、バプテスマのヨハネより大きい人物は起らなかった」(マタイ伝一一章一一節)と主イエスに評されるほど、当時最高の宗教家でした。荒野《あらの》でイナゴと野蜜《のみつ》とを食物とし、悔《く》い改《あらた》めのバプテスマを宣《の》べ伝《つた》えた人です。

ヨハネの許《もと》には、ユダヤ全土から続々と人々がやって来て、ヨルダン川で彼から洗礼を

受けました。ヨハネ伝を書きました使徒ヨハネは、イエスに従《したが》う以前はこの洗礼者《せんれいしゃ》ヨハネに学んでおりました。

「彼は光ではなかった。そうではなく、光について証《あか》しをするために来た」(一章八節 直訳《ちょくやく》)。洗礼者ヨハネは、光ではなかった。彼は、生命《いのち》の光であり、生命の言《ことば》である者、すなわちキリストについて証しをするためにこの世に来ました。それは多くの人がキリストを信ずるためでした。

どうしてヨハネ伝の冒頭《ぼうとう》でいきなりこういうことを書くかというと、使徒ヨハネは、自分がかつて学んだ師をやはり尊《とうと》んでいるのでしょう。その師は、イエス・キリストほどではなかったにしても、キリストを指し示し、その道備えをするという旧約的使命を果たしたのだ、ということを言いたいわけです。

洗礼者ヨハネは、預言者と認《みと》められ、多くの人に尊敬《そんけい》されていました。そのヨハネが、「ナザレのイエスは救世主《キリスト》だ。この人は神の言だ。私はこの人の上に神の霊がとどまるのを見た」と証ししていると言えば、当時のユダヤ人たちに対しては非常に強い証明の力があったわけです。

フランスのルーヴル美術館に行きますと、レオナルド・ダ・ヴィンチの描《か》いた若《わか》き洗礼《せんれい》者《しゃ》ヨハネの絵があります。

「見よ、世の罪を取《と》り除《のぞ》く神の小羊」(ヨハネ伝一章二九節)と言って、キリストを指さすヨハネ。柔和《にゅうわ》で女性的な眼差《まなざ》しをもち、逞《たくま》しく太い男性的な腕《うで》を差《さ》し伸《の》べているこの絵に、私は心を打たれました。

洗礼者ヨハネ(ダ・ヴィンチ画)

この洗礼者ヨハネは、イエス・キリストを多くの人々に紹介《しょうかい》しましたが、後に捕《と》らえられ、獄中《ごくちゅう》でヘロデ王に殺されてしまいます。それで多くのユダヤ人は、ヨハネの死を悼《いた》みました。

一人の人間が死ぬということは、やっぱり大きな影響力《えいきょうりょく》をもっています。

死は無言の沈黙《ちんもく》です。だが、ものすごいエネルギーをもっている。死んで、そして何かを語ろうとします。

神によって生まれる者

すべての人を照すまことの光があって、世にきた（来つつあった）。彼は世にいた。そして、世は彼によってできたのであるが、世は彼を知らずにいた。彼は自分のところにきたのに、自分の民《たみ》は彼を受けいれなかった。しかし、彼を受けいれた者、すなわち、その名を信じた人々には、彼は神の子となる力を与《あた》えたのである。それらの人は、血すじによらず、肉の欲《よく》（願い、意思）によらず、また、人（男）の欲にもよらず、ただ神によって（神から）生れたのである。

（一章九～一三節）

「まことの光」の「αληθινος《アレースィノス》　まことの」というのは、「偽《いつわ》りでない」ということです。「本物」とか「純真《じゅんしん》そのもの」という意味で「まこと」というんです。その真《まこと》なる光があって、この世に入ってきた。真の光とは、キリストを指します。世は彼によってできた（εγενετο《エゲネト》　発生した、成った）のであるが、……自分の民は彼を受け入れなかった。「自分の民」とは、「ユダヤ人」という意味ですね。

また、「神の子となる力を与《あた》えた」とありますが、これは「力」というよりも「ἐξουσια《エクスーシア》権威《けんい》、権能」というギリシア語です。神の子となる権威や権能を与えたということです。当時のユダヤの人々は、イエス・キリストについて、洗礼者《せんれいしゃ》ヨハネのような優《すぐ》れた証《あか》しをする人があっても、イエスを信じませんでした。いかに霊的な無知が病膏肓《やまいこうこう》に入《い》る状《じょう》況《きょう》だったか。だが、そのような状況の中にも、キリストを受け入れた者、すなわち、その御名《みな》を信じた者たちがありました。

「御名を信ずる」とは、「イエス様、イエス様」と言って、ただイエスの名を唱えることではありません。「彼を受けいれた者」とあるように、彼自身を受け入れることです。

キリストご自身は霊です。聖なる霊です。聖なる霊であるキリストを受け入れた者が、その名を信じた人です。そのような人には、神の子となる権威が与えられる。

さらにヨハネ伝は、神の子となる人は「血筋《ちすじ》にも肉の欲《よく》にもよらない」と言っております。よく「あの人は血筋がいいから」などと言いますが、人間は精神的な存在《そんざい》ですから、犬の血統書のようなわけにはゆきません。外側は遺伝的《いでんてき》に似てはいても、心の内容、魂の内容は一人ひとり違《ちが》います。

「こんなに立派《りっぱ》な信仰深いお父さん、お母さんの子だから、あの坊《ぼっ》ちゃんは、あの嬢《じょう》ちゃんは、立派に信仰を受《う》け嗣《つ》ぐでしょう」と思っても、決して親の信仰をそのまま受け取るものではありません。

神の子は、血筋《ちすじ》によっても、人間の願望によっても生まれてくるものではない。神の子は、ただ神によって生まれる！　これが、ヨハネ伝が言いたい重大な主張です。そのことは、聖書の他の箇所《かしょ》、特に新約聖書の冒頭《ぼうとう》にあるマタイ伝一章をひもときますと、よくわかります。そこには、イエス・キリストの出現でさえ、必ずしも血筋によらなかった、ということが書いてあります。

イエスの汚《けが》れた系図《けいず》

マタイ伝一章一節には、

「アブラハム*の子であるダビデ*の子、イエス・キリストの系図」と書いてあります。

これを読むと、信仰の父アブラハムの子孫として、イエス・キリストはお生まれになった。また、古代イスラエル王国を統一したダビデ大王の子孫が、イエスというメシア（救世主)である、と言いたいのだということがわかります。ユダヤ人には、ダビデの血統からメシアが生まれるという信仰がありました。

しかし、そのような立派《りっぱ》な系図《けいず》なのかと思って読んでみると、よくわからないことも書いてあります。

三節には、「ユダはタマルによるパレスとザラとの父」とあります。

このタマルは、ユダの子らに嫁《とつ》いだが、夫となった者たちが神の前に罪を得て次々と死に、寡婦《やもめ》となった。それで彼女は遊女の姿《すがた》となり、舅《しゅうと》のユダをだまして彼と姦通《かんつう》しました。そうして生まれた子が、パレスとザラでした(創世記《そうせいき》三八章)。

また五節には、「サルモンはラハブによるボアズの父」とあります。

ラハブというのはエリコの遊女でした。そのような女からボアズは生まれた。

さらに、「ボアズはルツによるオベデの父」とある。

ルツは異邦《いほう》のモアブ人で、夫亡《な》き後、姑《しゅうとめ》のナオミと一緒《いっしょ》にイスラエルのベツレヘムに来て、貧しく落《お》ち穂拾《ぼひろ》いをしながら肩身《かたみ》の狭《せま》い思いをして生きておりました。ユダヤ人は血統の純潔《じゅんけつ》を重んじますから、このような外国の女の名を系図に記すことはあまり感心されないはずです。しかし、このルツがイエス・キリストの祖先である、というんです。

もっとひどいのは、六節に「ダビデはウリヤの妻によるソロモンの父」とわざわざ書いてあることです。ダビデは、部下ウリヤの妻バテセバの美貌《びぼう》に魅《ひ》かれて過《あやま》ちました。そして、バテセバをわがものにしたいために、ウリヤを戦いの最前線に送り、討《う》ち死《じ》にさせた。夫を殺されて嘆《なげ》き狂《くる》うバテセバ、それをダビデが妻にして生まれた子がソロモンです。

聖書は、なぜこのような女性たちの名を記すのか。

ユダヤの系図《けいず》は、普通《ふつう》は父系の男の名前を示すだけでよいのです。それなのに、あえて四人の婦人の名を記している。同じ婦人でも、民族の母ともいうべきアブラハムの妻サラや、ヤコブの母であるリベカのような信仰の婦人を載《の》せるのならばわかります。しかし、そのような立派《りっぱ》な婦人の名ではなく、ありがたくもない、何かはばかられるような女の名前ばかり載せてあるのが、イエス・キリストの系図です。

泥沼《どろぬま》のような中から

たいがい聖者が生まれた時の伝説を見ると、ありがたく飾《かざ》りたてられているものです。

お釈迦様《しゃかさま》でも、生まれるや否《いな》や立ち上がって、七歩歩いて右手を上げ、「天上天下唯我独尊《てんじょうてんがゆいがどくそん》」と言った、などと伝えられております。

ところが、新約聖書のマタイ伝の初めを読みますと、イエスが処女《しょじょ》マリヤからお生まれになった次第《しだい》が次のように書いてあります。

「イエス・キリストの誕生《たんじょう》の次第はこうであった。母マリヤはヨセフと婚約《こんやく》していたが、まだ一緒《いっしょ》にならない前に、聖霊によって身重になった。夫ヨセフは正しい人であったので、彼女のことが公《おおや》けになることを好まず、ひそかに離縁《りえん》しようと決心した」(一章一八、一九節)と。

はたから見たら私生児を孕《はら》んだということになりますから、ヨセフはマリヤのことを思って、ひそかに婚約を解消しようと決心したわけです。ところが、彼がこのことを思いめぐらしていた時に、主の使いが現れて、

「ダビデの子ヨセフよ、心配しないでマリヤを妻として迎《むか》えるがよい。その胎内《たいない》に宿っているものは聖霊によるのである」(一章二〇節)と言った。ヨセフは眠《ねむ》りから覚めて、そのとおりにしました。

さらにマタイ伝は、旧約聖書の預言（イザヤ書七章一四節）を引いて、「『見よ、おとめがみごもって男の子を産むであろう。その名はインマヌエルと呼《よ》ばれるであろう』。これは、『神われらと共にいます』という意味である」（一章二三節）と記しております。

このように、ユダヤ人から見たら忌《い》まわしい系図《けいず》の中から、今や全世界が神の子と崇《あが》めるイエス・キリストはお生まれになりました。その生誕《せいたん》について、カトリックなどでは処《しょ》女懐胎《じょかいたい》を信ずる、ということを強調します。

そうではなく、ここは聖霊の働きを説いているんです。

それはあたかも、臭《くさ》い泥沼《どろぬま》から白い蓮《はす》の花が咲《さ》くように、聖霊が働くときに、汚《けが》れ果《は》てた系図の中からでも新しい人類が生まれるということです。神はメンデルの遺伝《いでん》の法則を打ち破ってでも、イエス・キリストのような神の子を生み出すことができる。イエスに宿った聖なる霊が、いかに不思議であったか！

そこから、インマヌエル――神がありありと我らと共におられる、というような現実が始まったのだ、と聖書は言っているんです。ここに、私たちにも深い慰《なぐさ》めがあります。

妻の贖《あがな》い

わが家の系図《けいず》を見ましても、良いことも書いてありますが、そうでないこともいろいろ書いてあります。しかし私は、ついに喜ばしい人生に入りました。それは血統によらなかった。私は人生に苦しみ、嘆《なげ》き泣いた時に、神に出会ったんです。キリストが私の光になってくださったんです！　そして、見るもの聞くもの、すべてが変わってきたんです。

それは、私の妻の千代も同様です。

彼女は、両親が離婚《りこん》した後に母親が孕《はら》んでいたことがわかって、しかたなしに出生後、父親に認知《にんち》してもらいました。それで、庶子《しょし》とされました。

彼女が女学生だった時に、学校の授業でそれを知られることがあって、周りから陰口《かげぐち》を囁《ささや》かれ、すごく恥《は》ずかしい思いをした。家に帰ってから母親に八つ当たりして、「なんで私を産んだの。ねえ、どうして私は庶子女なの」と言うと、母親は「ごめん、ごめん、ごめん」と言って、ただ泣くばかりだったといいます。

後に大学に入る時にも、戸籍《こせき》のことを言われて、ひどい屈辱《くつじょく》を受けたそうです。

戸籍《こせき》が汚《よご》れるということは、それほど恐《おそ》ろしいことでした。

だが、この千代さんが私の集会に来ました。二回目か三回目でしたでしょうか、クリスマスの時に、私がイエスの系図《けいず》の講義をしたんです。その時、「泥沼《どろぬま》の中から白い蓮《はす》の花が咲《さ》くように、イエス・キリストも汚《けが》れた血統の中から生まれたのである」と聞いたことが、彼女にとって幕屋《まくや》の集会に心惹《ひ》かれる機縁《きえん》となった、といいます。

私は、そういうことは何も知りませんでした。ただ、理屈《りくつ》をこねる女だなあ、とは思っていました。実は彼女は、大学を出てからある会社の社長と結婚《けっこん》したが、そこを追われるような羽目になって、「こんな不遇《ふぐう》な人生なんて、あるものか」と神を呪《のろ》っても呪いきれないような気持ちだったのでした。

その頃《ころ》、彼女は「私のような者が救われるでしょうか」と訴《うった》えていましたが、聖書には「神の子は、血筋《ちすじ》によらず、肉の欲《よく》によらず、人間の願望によらず、ただ神によって生まれてくる」と書いてあることを知って、「救いを見出《みいだ》しました」と言います。

自分の戸籍のために、誰《だれ》にも言うことのできない嘆《なげ》きをもっていた者を、神はこのように顧《かえり》み、救いたもう。

手島郁郎と妻・千代

ですから、「贖《あがな》われる」ということの意味を、彼女はよく知っています。屈辱《くつじょく》が深刻《しんこく》だっただけに、神に救われた彼女にとって、これ以上の喜びはありません。

もし、キリストを見出《みいだ》さなかったならば、また、キリストによる救いに与《あずか》らなかったならば、彼女のその後はどうなっていたかわからない。考えたら恐《おそ》ろしいことです。また、驚《おどろ》くべき祝福です。

聖霊を受けて生まれ変わる

同じマタイ伝の三章で、洗礼者《せんれいしゃ》ヨハネは何と言っているか。彼は、パリサイ人*やサドカイ人*が水の洗礼を受けようとして来たのを見て、

「まむしの子らよ、迫《せま》ってきている神の怒《いか》りから、おまえたちはのがれられると、だれが教えたのか。だから、悔改《くいあらた》めにふさわしい実を結べ。自分たちの父にはアブラハムがある

などと、心の中で思ってもみるな。おまえたちに言っておく、神はこれらの石ころからでも、アブラハムの子を起すことができるのだ」(三章七〜九節)と言いました。

アブラハムの子というのは、信仰の子のことです。

肉のアブラハムの血筋《ちすじ》が人を救うわけではない。むしろ、「自分の血統は良い」などと誇《ほこ》る人々に対して、真正面から反抗《はんこう》しているのが聖書です。聖書は、「ただ聖霊によって良きことが起きる」と言っているのであって、聖霊が働けば、石ころのようなつまらない者からでも信仰の人が起きる！　というんです。なんという大きな慰《なぐさ》めの言葉であり、希望の福音でしょう。

それで洗礼者《せんれいしゃ》ヨハネは、

「わたしは悔改《くいあらた》めのために、水でおまえたちにバプテスマ(洗礼)を授《さず》けている。しかし、わたしのあとから来る人(イエス・キリスト)は、わたしよりも力のあるかたで、わたしはそのくつをぬがせてあげる値《ね》うちもない。このかたは、聖霊と火とによっておまえたちにバプテスマをお授けになるであろう」(マタイ伝三章一一節)と言っております。

こういうところは、マタイ伝もヨハネ伝も、一貫《いっかん》して同じことを訴《うった》えております。

聖霊にバプテスマされない限り、私たちは生まれ変わることはできないんです！

多くの人は、教会に行って洗礼《せんれい》を受けて、信仰告白をしたら救われるように思うときに、水の洗礼なんか受けて救われると思うな、と初っぱなから書いているのが聖書ではないか。私が同様のことを言って何が悪い。

神の子が生まれるということは、人間が考えることとは全然違《ちが》う。キリストの聖霊と火とにバプテスマされる時に、私たち罪に汚《けが》れた石ころのような人間も、神の子として新しく生まれ変わることができる。これがキリストの福音です。これを体験したのが、イエス・キリストの十二使徒であり、その他の大勢の弟子《でし》たちでありました。彼らは、聖霊が臨《のぞ》むとすっかり人が変わって、神の聖者となりました。

嘆《なげ》き苦しみを覚えたもう神

私は、キリストが汚れた系図《けいず》から生まれてこられたということは、なんと大きな恩寵《おんちょう》であろうかと思うんです。

イエス・キリストは、本籍地《ほんせきち》のベツレヘムでお生まれになった時も、宿屋には泊《と》まれず、飼《か》い葉桶《ばおけ》に寝《ね》かされていました。私たちよりもずっと卑《いや》しく、お気の毒な生まれぶりです。しかし、聖霊が加護しはじめると、このイエスは、全世界の人々が神の子と呼《よ》ぶくらいに素晴《すば》らしくなられたではないですか。

なぜヨハネ伝は、

「このような人は血筋《ちすじ》によらない」(一章一三節)と言うのかと思うが、マタイ伝を読むとイエス・キリストご自身がそうでした。私たちはそれを知るだけで十分です。

自分の不幸な身の上に苦しんだあげく、間違《まちが》いを犯《おか》したタマル。売笑婦であったラハブ。異国《いこく》の地に嘆《なげ》きつつ落《お》ち穂《ぼ》を拾《ひろ》ったルツ。夫を殺されて嘆いているところを、ダビデにめとられたバテセバ。

このようなかわいそうな婦人たちを母系《ぼけい》として、キリストはお生まれになりました。この婦人たちの嘆き苦しみ、流した涙《なみだ》は、決して虚《むな》しく終わらなかった。彼女たちは、「私の子孫にキリストがお生まれになったのか。そのキリストを通して、不思議な祝福に与《あずか》る多くの人たちが生まれたのか」と、天国において泣くだろうと思います。

神様のなさることは不思議です。この世で不遇《ふぐう》だった者たちが、神の祝福の器《うつわ》とされる。

福音を説く喜び

こうやって神様は、一人のキリストを誕生《たんじょう》させることによって、不幸な女たちの嘆《なげ》いても嘆ききれない身の上を決して無視《むし》されず、祝したもう！　これが福音でなくして何でしょう。福音とは、過去の宿命、自分が背負《せお》ってどうにも降《お》ろすことができない宿命、それを神様が変えて最善《さいぜん》にしてくださる、ということです。

そのような祝福が、イエス・キリストを通して世に現れた。

ですからイエスの「伝記」と言わずに「福音書」と言うんです。

ヨハネ伝は思想が深いとか、高遠であるとかいうことよりも、まず私を喜ばせるのは、「神の子は血筋《ちすじ》によらず、肉の欲《よく》によらず、人間の願いにもよらず、ただ神によって生まれてくる」という言葉です。

聖霊を受けて、一切《いっさい》が変わることがあるんです。

こういう福音を説くということは、ほんとうに嬉《うれ》しいことです。

どうか神様、ここに集《つど》っておられる兄弟姉妹《しまい》たちを、あなたの祝福をもって祝し、魂の

生まれ変わりをさせてください！

（一九七二年十一月十九日）

＊バプテスマ…原語のギリシア語「βαπτισμα《バプティスマ》」は、「浸《ひた》すこと」の意。

＊アブラハム…紀元前二〇〇〇年頃《ごろ》(?)の人。アブラハムは神の声に従《したが》って、行く先を知らずに故郷《こきょう》を離《はな》れ、カナン(イスラエルの地)に至《いた》る。このアブラハムを祝福の基《もとい》として、ユダヤ教、キリスト教、イスラム教が生まれ、彼は「信仰の父」として仰《あお》がれている。

＊ダビデ…古代イスラエル王国第二代目の王。在位は紀元前一〇〇〇〜前九六〇年頃。羊飼いの少年だったダビデは、神の霊を注がれてイスラエルの王となる。彼によって古代イスラエルは黄金時代を迎《むか》え、その子孫からメシア(救世主)が生まれると信じられるようになった。

＊パリサイ人…イエス・キリストの時代に勢力があったユダヤ教の一派《いっぱ》。律法《りっぽう》の遵守《じゅんしゅ》と、その厳格《げんかく》な実践《じっせん》を強調。福音書では、イエスからその形式主義と偽善的傾向《ぎぜんてきけいこう》が批判《ひはん》されている。

＊サドカイ人…パリサイ人と同時代のユダヤ教の一派。モーセ五書だけを正典とし、復活や天使を否認《ひにん》。メンバーには祭司層《さいしそう》が多かった。

〔第四講　聖句　ヨハネ伝一章一四〜一八節〕

14そして言《ことば》は肉体となり、わたしたちのうちに宿った。わたしたちはその栄光を
見た。それは父のひとり子としての栄光であって、めぐみとまこととに満ちていた。
15ヨハネは彼についてあかしをし、叫《さけ》んで言った、「『わたしのあとに来るかたは、
わたしよりもすぐれたかたである。わたしよりも先におられたからである』とわた
しが言ったのは、この人のことである」。
16わたしたちすべての者は、その満ち満ちているものの中から受けて、めぐみに
めぐみを加えられた。17律法《りっぽう》はモーセをとおして与《あた》えられ、めぐみとまこととは、
イエス・キリストをとおしてきたのである。18神を見た者はまだひとりもいない。
ただ父のふところにいるひとり子なる神だけが、神をあらわしたのである。

第四講

宇宙《うちゅう》に満ちみつる愛

ヨハネ伝一章一四〜一八節

「すべての人を照すまことの光があって、世にきた」(ヨハネ伝一章九節)

私たちの周囲にある物質は、電灯や太陽の光で見ることができます。だが、目には見えない霊的な世界のものは、何をもって見たらよいか。それは、キリストという驚《おどろ》くべき霊の光をもってです。この光で見ると、何が本当か偽《いつわ》りかが実によくわかります。そのような、すべての人の心を照らす真《まこと》の光、これをキリストというのであります。

そのキリストが、世に来られた。

当時は今よりも無知な時代でしたから、人々は暗闇《くらやみ》を恐《おそ》れました。暗い死の世界を恐れました。しかし、キリストの光が輝《かがや》きだしました時に、すべてが生き生きとして、もう一度生き返ることができる世界、霊的な、精神的な光が照る世界を人々は発見しました。

十七世紀にイギリスで起こりました、クエーカー*派《は》の人々が大事にしている聖句は、「まことの光があって、すべての人を照らす」という、この一句です。心が暗い間は、人間はほんとうにつまらないが、心の内にキリストという光が照りだしたら、嬉《うれ》しくてたまらない生涯《しょうがい》が始まる。それで彼らは「真《まこと》の光」を求めました。

今から十二年ほど前（一九六一年）のこと、奈良県の吉野山《よしのやま》で新年の聖会が開かれました時に、私は夢の中でキリストから諭《さと》されたことがあります。

「今後、おまえは名を真光《しんこう》と呼《よ》ぶべし。我は、人を照らす真の光として世に臨《のぞ》んだ。我は、一キリスト教の光であるのみならず、全宗教を照らす真の光である。今後、おまえは気宇《きう》を広大にして、わが意向を地上に達成せよ」と。その時、

「そうだ、そのようなキリスト教でなければいけない。キリストは、キリスト教界だけの独占物《どくせんぶつ》ではない。他の宗教宗派、教会と対抗《たいこう》するような程度のものを聖書は説いていない」と思わされたことでした。それ以来、もったいない名前ですからめったには使いませんけれども、自分を聖別し、励《はげ》ます意味で、大事な時にこの名で署名《しょめい》しております。

命あるものは語る

そして言《ことば》は肉体となり、わたしたちのうちに宿った（幕屋《まくや》を張った）。わたしたちはその栄光を見た。それは父のひとり子としての栄光であって、めぐみとまことに満ちていた。（一章一四節）

ここでいう「言（ロゴス）」とは、単なる印刷文字や、日常生活の中で交わされるような言葉ではありません。聖書が説くロゴスは、もっと意味深い、力に富むもので、神の一言《いちごん》は天地を創造《そうぞう》し、化育《かいく》します。

有名な*『古今和歌集《こきんわかしゅう》』仮名序《かなじょ》の中で、紀貫之《きのつらゆき》が次のように言っております。

「和歌《やまとうた》は、人の心を種として（材料として、内容として）、さまざまな言葉となったものである。人は心に思うことを、見るもの聞くものにつけて、率直《そっちょく》に言葉（歌）で表現する。それは人間だけではない。花に鳴く鶯《うぐいす》や水に棲《す》む蛙《かわず》の声を聞けば、生きとし生けるものは皆《みな》、歌っているのがわかるではないか。命あるものはすべて言葉をもっていて、語らずにはおられない、歌わずにはおられないものである。
力をも入れずに天地《あめつち》を動かし、目に見えない鬼神《おにがみ》(荒々《あらあら》しい霊魂)をもあわれと思わせ、男女の仲をも和《やわ》らげ、猛《たけ》き武人《もののふ》の心をも慰《なぐさ》めるのは、歌である。この歌というものは、天地開闢《てんちかいびゃく》と共にこの世に現れたのである——」。

すなわち、「力をも入れずして天地を動かし、目に見えぬ鬼神をも憐《あわ》れみの感情を喚《よ》ばしむる」ような言葉がある。その言葉は、命があればこそ、生きておればこそ、語ることができるということです。

「この言《ことば》に命があった」(ヨハネ伝一章四節)

神様は、生きた神であればこそ言をもっておられる。死んだ者は、物を言いません。西洋神学では、神を冷たい抽象《ちゅうしょう》的な観念に祭り上げてしまうが、聖書本来の神様は違《ちが》います。語りかける、生ける言の神です。

神の御心《みこころ》を表すその言が、肉体となった、受肉して世に現れた。この「肉体」は、ギリシア語原文では「σαρξ《サルクス》　肉」で、人間のことを指します。命があればこそ、言《ことば》は受肉することができるんです。

神の栄光が満ちる幕屋《まくや》

そのように、人間となって世に現れた神のロゴス(言)はどうであったかというと、「言は肉となり、わたしたちのうちに宿った。わたしたちはその栄光を見た」とあります。ここで使われている「宿る」という語は、原文では「σκηνοω《スケーノー》　幕屋(天幕)を張る、天幕に住む」というギリシア語です。ですから、直訳《ちょくやく》すると、「神の言は肉(人)となり、私たちのうちに幕屋を張った。私たちはその栄光を見た」となります。

この「幕屋」と「栄光」という二つの語は、旧約聖書の出エジプト記などを読めばわかりますように、切っても切れない関係にあります。

今から三千年以上昔のこと、モーセに率いられてエジプトを脱出《だっしゅつ》したイスラエルの民《たみ》が、荒野《あらの》で流浪《るろう》しつつ天幕生活をしていた時、神殿《しんでん》はありませんでしたが、神の箱の置かれた

©Ruk 7
会見の幕屋の復元模型(イスラエル)

「会見の幕屋《まくや》」がありました。その天幕で礼拝《れいはい》が行なわれていた。そこは神が臨在《りんざい》される場として、必ず力と栄光が漂《ただよ》い、光まばゆいような状況《じょうきょう》になりました。

それで旧約聖書には、

「雲は会見の天幕をおおい、主の栄光が幕屋に満ちた。モーセは会見の幕屋に、はいることができなかった。雲がその上にとどまり、主の栄光が幕屋に満ちていたからである」(出エジプト記四〇章三四、三五節)などと書かれています。

さらに新約聖書の「ヨハネの黙示録《もくしろく》」には、

「見よ、神の幕屋が人と共にあり、神が人と共に住み、人は神の民《たみ》となる」(二一章三節)

とあり、「幕屋」とは「人が神と共に住まう」ことを象徴《しょうちょう》していることがわかります。

「言《ことば》は肉体となって、私たち人間界に幕屋を張った」——これがイエス・キリストであった。そのキリストの栄光を、「私たちは見た」というんです。

キリストの現された栄光

神は絶対的な存在《そんざい》であって、肉眼では見ることはできません。しかし、その絶対的な神の御霊《みたま》が人間となってくださるならば、その人を通して神を見奉《みたてまつ》ることができます。神の全貌《ぜんぼう》を見ることはできないかもしれないが、「ああ、神様とはこういうお方なのか」とわかるわけです。

すなわち、イエス・キリストを通して神を見ると、「神様はこうだったのか。ご自分の身を殺してでも、人間を愛そうとしておられるお方であるのに、ずいぶん誤解《ごかい》していた」とわかります。

「その栄光を見た」というときの「見る」は、ギリシア語では「*θεαομαι*《セアオマイ》 観《み》る、熟視《じゅくし》する」という語です。英語の「theater《シアター》 劇場《げきじょう》」の語源《ごげん》になっている語ですが、これは肉眼でつらつら観ることを意味します。ですから、「私たちは自分の眼《め》で、その栄光をつらつら観た」というんです。

「それは父のひとり子としての栄光であって、めぐみ（カリス）とまこと（アレーセイア）と

に満ちていた」(一章一四節)

イエス・キリストの人間としてのお姿《すがた》は、神の独り子というほかにないような栄光だったとありますから、イエスがいかに素晴《すば》らしかったか。そして、その栄光の内容は何かというならば、「χαρις《カリス》(恵《めぐ》み、恩寵《おんちょう》)とαληθεια《アレーセイア》(真《まこと》、真実)」に満ちたものであった。

これは、旧約聖書において神のご性格を表すヘブライ語の、「חסד《ヘセッド》 慈愛《じあい》、憐《あわ》れみ、恵み」と「אמת《エメット》 真、真実」という語に当たります。神様が臨在《りんざい》されるときは、いつも憐れみと真実とが満ちているということです。

たとえば、出エジプト記三四章を開いてみると、

「主《エホバ》、主、あわれみあり、恵みあり、怒《いか》ることおそく、いつくしみ(ヘセッド)と、まこと(エメット)との豊かなる神、いつくしみを千代《せんだい》までも施《ほどこ》し、悪と、とがと、罪とをゆるす者……」(六、七節)と神のご性格が書いてあります。

この聖句は、モーセがシナイ山に登った時に、エホバの神が宣《の》べられた言葉です。神様が栄光をもってお現れになる時、恐《おそ》ろしい怒りの神様かと思っていたら、愛と真との神様だった、ということです。

神の二大特性

この「ヘセッド」は、現今の若《わか》い人たちが知っているような、男が女に憧《あこが》れる愛、自分の好ましいものを愛するような愛とは違《ちが》います。ヘセッドは恵《めぐ》む愛ですから、強い人が弱い人に、持っている人が持っていない人や貧しい人に恵むことをいいます。ですから、「慈《いつく》しみの愛、憐《あわ》れみの愛、恩寵《おんちょう》」とでも訳《やく》すべき語です。

もし神様が、素晴《すば》らしい人間ばかりを集めて愛されるのなら、私なんかはとても神の前には出られません。しかし、「手島は不憫《ふびん》だなあ、かわいそうな男だ。あんなに人から嫌《きら》われ、こづかれながら伝道している」と神様が思ってくださる。気の毒でほうっておけない、不憫でかわいそうでたまらんと思うような愛。その愛がこの宇宙《うちゅう》の中にあるから、私は生きられるんです。

恵みと真《まこと》、これは神の二大性格です。

「真、真理」というと、何だか堅苦《かたくる》しく、威厳《いげん》があって近寄りがたい気がします。しかし、ここでいうのは「真実」であって、神は必ず約束を守りたもうということです。

まことに頼《たの》みがいのあるお方が神です。また、麗《うるわ》しい愛がそのご性格であるというときに、卑《いや》しい自分も顧《かえり》みず、神様に近づくことができます。私たちも、「恵《めぐ》みと真《まこと》」ということを模《も》範《はん》とし、特性としてゆかなければならないと思います。

そのような恵みと真とに満ちておられたのが、イエス・キリストであった。路《ろ》傍《ぼう》に苦しみ泣く者を、憐《あわ》れみをもってジッと見つめられるお姿《すがた》。

また、不正不義に対して、真実に立ち向かおうとなさるお姿。

ヨハネ伝の作者は、こういうお方をつらつら観《み》た、と言うんですね。

今、肉体を見るようにはイエス・キリストを見ることはないかもしれない。しかし現在も、このようなキリストに信じて生きた幾人《いくにん》かの人たちは、少なからず同じような姿を表しているのを見ます。

恵みと真に生きた人々

私が今まで二十年以上伝道をしてきて、「神様、この聖句のように、恵みと真とに満ちていた人は誰《だれ》でしょうか」と思った時に、まずパッとまぶたに映《うつ》ったのは、吉井純男《すみお》という人でした。彼は高知で伝道して、わずか二十七歳《さい》で肺病《はいびょう》で死にました。しかし、多くの人に決して消えることのない感化を与《あた》えました。

彼に初めて出会いました頃《ころ》、霊的に傲慢《ごうまん》な雰囲気《ふんいき》があったので、私は何度も叱《しか》りつけました。しかしその後、吉井君はほんとうに変わりました。そして、死を前にした頃には、もう顔じゅう何とも言えない愛と真実に満ちていました。

「愛と真実」と言いますが、嘘《うそ》一つ言いません。偽《いつわ》りの世の中で嘘を言わず、真実に過ごすということは、大変難《むずか》しいことです。また、多くの人を愛し、多くの人に愛されました。

しかし、愛されるということも苦しいことです。それに応《こた》えようとしても、体が一つしかないから、誰《だれ》にでもはしてあげられないことがあります。

吉井純男さんと幕屋の子供たち

ある時、静養のために、彼が熊本の私の許《もと》に来ていたことがありました。私は彼の弱い身体《からだ》を気遣《きづか》って、高知には帰したくありませんでした。でも、高知の幕屋の人たちからは、毎日のように「吉井先生、帰ってきてほしい」と手紙が来ます。

それで彼は苦しんで、毎朝早く何キロも離《はな》れている水前寺という所まで歩き、冷たい湧《わ》き水《みず》で水ごりをとって、高知にいる教友一人ひとりの名を呼《よ》びながら、「神様、どうか守ってください」と祈りました。そうして一週間後、とうとう冷たい水の中に凍《こご》えて倒《たお》れてしまいました。愛する人々の名を呼び、祈りつつ倒れました。

世の中には、自分の信仰的精進《しょうじん》のためには、禊《みそぎ》をする人もあるでしょう。しかし吉井君のように、遠く離れている友らを思って、水ごり懇願《こんがん》する人があるでしょうか。彼の愛はそのように純真《じゅんしん》でした。

人のために尽《つ》くさずにはおられない彼の心を知っていましたので、私は彼を高知に帰さないために、熊本で使命を与《あた》えようと思いました。耳の不自由な若者《わかもの》の世話を任せたりしましたが、そうすると、結核《けっかく》を病《や》んだ人たちも彼の許に集まってきました。彼は一生懸《いっしょうけん》命《めい》に面倒《めんどう》を見、愛と真実をもって誰《だれ》にでも尽くします。

やがて彼が四国に帰る前夜、私の家に夕飯に呼《よ》ぶと、もうゾクゾクするような霊的な雰《ふん》囲《い》気《き》で後光がさしていました。そうして高知に帰り、三か月後に召天《しょうてん》しました。吉井君は、ほんとうに恵《めぐ》みと真《まこと》とに満ちていた人でした。

内なるものが輝《かがや》くときに

また、ひどい肺病《はいびょう》でしたのに、体いっぱいに神をほめ賛《たた》えつつ天翔《あまがけ》ってゆかれた、大北英雄《ひでお》さんという人がいました。

大北さんは、今から半世紀も前にロンドンで十年間写真術を学び、戦前では日本写真界の最高権威《けんい》の一人でした。しかし、第二次世界大戦が勃発《ぼっぱつ》すると、「長いこと外国にいたのはスパイに違《ちが》いない」と、憲兵隊《けんぺいたい》から厳《きび》しく取り調べられ、店もつぶされてしまいました。拘置所《こうちしょ》での扱《あつか》いがあまりにもひどく、とうとう胸《むね》を病《や》んで倒《たお》れてしまわれた。

戦後は、故郷《こきょう》の徳島で米軍政府の通訳《つうやく》などをしていましたが、肺病が悪化し、医者からも見捨《みす》てられてしまい、どこにもすがるところがなくなった時に、この原始福音《*げんしふくいん》に触《ふ》れました。すると、貧乏《びんぼう》の中でしたのに、徳島の村から何も持たずに熊本に来ました。

病気がひどいので、私は来るのを止めましたが、聞かずに参加した聖会で大回心をされた。その後は商売も繁盛《はんじょう》しましたが、それ以上に魂が栄化され、実に顔が輝《かがや》いていました。「嬉《うれ》しいですね。嬉しいですね」と話しはじめると、もう恍惚《こうこつ》状態になりなさる。そして、若《わか》い青年たちを誘《さそ》っては、

「さあ、ぜんざいを食べに行こう、コーヒーを飲みに行こう」などと言って連れてゆき、「神様はありがたいなあ、嬉しいなあ」と、ご自分に注がれた神の恵《めぐ》みを語りたくてたまらないごようすでした。そうして祈られる姿《すがた》の神々《こうごう》しさ。大北さんは、ほんとうに信仰一《ひと》筋《すじ》に生きなさった。

おお北風《きたかぜ》の　吹《ふ》きすさぶ日も
神をたたえて　歌《うた》い交《か》わせし
君のおもかげの　いとど冴《さ》えて
神さびませし　長老《ひと》の尊《とうと》し

（大北英雄さんを偲《しの》び、『早春賦《そうしゅんふ》』のメロディーにのせて作詞《さくし》）

この歌にあるように、大北さんは人生の嵐《あらし》と戦い、厳《きび》しい冬の北風にも負けまいと祈りに祈り、賛美が尽《つ》きない人となられた。その死の前の一か月くらいは、実に顔が輝《かがや》いていました。その美しい姿《すがた》を見ますと、いったい死とは何だろうかと思いました。

また、女の人でいうならば、六年前（一九六六年）に亡くなった中野静さんが同様でした。彼女は知的なお医者さんでしたから、初めは理性が先に立っていて、その間は霊的ではありませんでした。しかしある時、ほんとうに自分に崩《くず》れなさると、もうまばゆい姿になられました。同情心が深くて、人のために涙《なみだ》を流し、多くの人を自分の肉体がちぎれるようにも愛しなさいました。彼女は、愛と真実だけで生きなさった。

こういう人たちを見ると、私は神様の霊が人の体を幕屋《まくや》にして生きているとしか思えませんでした。嬉《うれ》しいですね、ありがたいと思います。

恵《めぐ》みに恵みを加えられる

それにしても、どうしてこれらの人たちはあんなに変わっておしまいになったのだろう。最初はそうではなかったのに、ほんとうに尊《とうと》く変わられた。人が変わるというのは、原因がなければ変わりません。それについて、ヨハネ伝はさらに次のように述べています。

ヨハネは彼についてあかしをし、叫《さけ》んで言った、「『わたしのあとに来るかたは、わたしよりもすぐれたかたである。わたしよりも先におられたからである』とわたしが言ったのは、この人のことである」。わたしたちすべての者は、その満ち満ちているものの中から受けて、めぐみにめぐみを加えられた。

（一章一五、一六節）

洗礼者《せんれいいしゃ》ヨハネの後に来るお方、すなわちイエス・キリストは、宇宙《うちゅう》の初めからあるところの神の霊が人間となって現れたのであって、満ちみちている存在《そんざい》である。

この「πλήρωμα《プレーローマ》　満ちみちているもの」というギリシア語は、いっぱいに水の入ったコップにさらに水を加えたら溢《あふ》れてきますが、そのように満ち溢れていることをいいます。すなわちキリストとは、恵《めぐ》みと真実が無尽蔵《むじんぞう》に満ちみちているお方なのだ、というんです。ですから、キリストのお傍《そば》におるだけで、その満ちみちているところから、恵みに恵みを加えられる。こぼれるように満ちみちているんですから、もう溢れ出している。生命《いのち》が溢《あふ》れ出《だ》している。それを私たちは受け取ったのだ、とヨハネはここで言っています。先に名前を挙げた兄弟姉妹《しまい》たちは、そのキリストの満ちみちる恵《めぐ》みを受け取って変わったんです。

神様の恵みは、絶えずこの地上界に「満ちよう、満ちよう」として働いている。

神の愛は、私たちの内に満ちわたりたくて、浸《し》みわたりたくてならないんです。

キリストという義の太陽は、その溢れるばかりの熱いエネルギーを、霊を、弱い者、貧しい者、苦しむ者に対して、激《はげ》しく放射《ほうしゃ》し、浸透《しんとう》させたがっておられる。キリストは、ご自分だけが栄光の中に閉《と》じこもっていたくはないんですね。全宇宙《ぜんうちゅう》が神の栄光によって満ちみつることが神の御旨《みむね》であり、このキリストの霊に浸《ひた》された者たちが、神の子のごとくに成長するまで、神の恩恵《めぐみ》の運動はやもうとしません。

「めぐみにめぐみを（加える）」（一章一六節）とは、ギリシア語の原文では「χαριν《カリン》 αντι《アンティ》 χαριτος《カリトス》」とあります。「αντι《アンティ》」というのは、「〜の代わりに」という意味ですから、「恩《おん》寵《ちょう》に代えるに恩寵をもって、恩恵の上に恩恵を」という意味になります。ご飯のお代わりを何度も繰《く》り返《かえ》すように、「これでもか、これでもか」と言わんばかりに恩恵のお代わりが続くということです。

キリストの満ちみつる中から、恵《めぐ》みの後にまた恵みが、溢《あふ》れるばかりに相次いで押《お》し寄《よ》せてくるんです。神の愛と真実と栄光が、一方通行で止めどもなく拡散《かくさん》し流れてくるとは、なんと不思議な世界ではないですか。

神の恵みを味わう者に

しかし、そのような不思議な祝福が自分にはあるかしら、と思われるかもしれません。だが、新しいものが発見される時は、いつでもそうです。キュリー夫人*が、ウラン鉱石の中からラジウムという強い放射能《ほうしゃのう》をもつ元素を発見しました時は、どうでしたか。これは、それまで知られていたものとは違《ちが》った性質の元素でした。

未知の物質があることを知った時に、キュリー夫人は「これは他と違うからおかしい」などと言って、排斥《はいせき》したでしょうか。そうではありませんでした。彼女は、「これこそ、まだ皆《みな》が知らない新しい分野だ」と思って、寝食《しんしょく》を忘《わす》れて研究に没頭《ぼっとう》しました。そして、その研究が二十世紀の科学の端緒《たんしょ》を開いたのです。

同様に、このヨハネ伝に書いてあるような恵《めぐ》みの法則があるということを学ぶ時に、この新しい世界に驚《おどろ》いて、「これは、私も信ぜずにはおられないなあ」と思いませんか。こういう聖書の記事を、ただ読み過ごしたらいけません。その内容をほんとうに受け取っているか、どうか。人間には、まだまだ未知の可能性があるんです。私たちは決して自分に絶望してはなりません。

律法《りっぽう》はモーセをとおして与《あた》えられ、めぐみとまこととは、イエス・キリストをとおしてきたのである。神を見た者はまだひとりもいない。ただ父のふところにいるひとり子なる神だけが、神をあらわしたのである。（一章一七、一八節）

人間を、ただ律法や法律、道徳で縛《しば》る、古い習慣に縛りつけている間は、幸福ではありません。しかし、キリストを通して、神の恵みと真《まこと》とが私たちに溢《あふ》れ出《だ》してくる世界がある。それによって生きよ、と言われる。これが新約聖書の信仰です。

先日のこと、北陸の金沢から桜井亮《りょう》太郎《たろう》君が東京の聖書塾《せいしょじゅく》に来ました。

「何しに来たのか？」と聞きますと、

「先生、私はもう嬉《うれ》しくて、来たくてたまらなかった」と言って、霊に満たされ酔《よ》うようにしていなさる。それは、一か月半ほど前に、聖書塾から二十代半ばの若《わか》い伊藤正明君を金沢の伝道に送りましたが、

「伊藤さんの行くところ、毎日のように神様の不思議と奇跡《きせき》が相次ぐんです。これこそ長い間求めていた原始福音だ、と北陸じゅうが沸《わ》きたっているんです」と言うんです。

「どうしてか」と伊藤君に聞いてみると、

「先生に教えられたように、毎朝起きて、神様、今日は何しましょうか、どこへ行きましょうか、と祈るだけです。示されたとおりにすると、不思議なことが起きるんです」と言います。東京の皆《みな》さんは、「あの伊藤君が？」とバカにしておったかもしれませんが、伝道は年齢《ねんれい》でも経験でもありません。ただ祈って、恵《めぐ》みに恵みが伴《ともな》うようなことが始まったら、皆がほうっておきませんよ。信仰は、そんなに難《むずか》しいことではないですね。

　私が切に願うのは、ここに集《つど》われる皆さんに、このキリストの恵みの味を味わっていただきたいということです。イエス・キリストが地上を歩かれた時、弟子《でし》たちが受けたと同

様に、現在も恩恵《めぐみ》に恩恵を増し加えられる人生というものがあるからです。

祈ります。手を合わせて、ひざまずいてください。

どうか、私たちの心の鏡にキリストを映《うつ》しまつりとうございます。キリストを心の内に映して、毎日生きてゆきとうございます。そのお姿《すがた》は、実に恵《めぐ》みと愛と真《まこと》に満ちた、憐《あわ》れみ深い神の御霊《みたま》です。自分を嘆《なげ》くことはいりません。全宇宙《ぜんうちゅう》は、弱い者、貧しい者、冷たい者のほうに、熱い愛の生命《いのち》が流れようとしているんです。それを防いで、頑《かたくな》になっているのが私たち人間であるならば、なんとこれは宇宙の法則に反しているでしょうか。

神の御霊に触《ふ》れまつると、ほんとうに恵みに恵みを加えられますから、私たちは神を賛美せずにはおられません。

（一九七二年十一月二十六日）

＊クエーカー派《は》…キリスト教プロテスタントの一派。イギリスのジョージ・フォックス（一六二四～一六九一年）を祖とする。万人《ばんにん》に神の「内なる光」が宿ることを信じ、その導きに従《したが》って

行動することを説く。

＊古今和歌集…平安時代初期に編纂《へんさん》された、日本最初の勅撰《ちょくせん》和歌集。九〇五年あるいは九一四年頃《ごろ》に成り、歌数は約千百首。醍醐天皇《だいごてんのう》の下命により、紀貫之ら四人の歌人が撰者として編集。

＊原始福音…今から二千年前に、イエス・キリストが伝えられたままの、神の生命《いのち》と力に満ちた信仰のこと。手島郁郎は、この原始福音に帰ることを提唱し、宗教運動を展開《てんかい》した。そこから、この宗教運動や信徒の群れを「原始福音」と呼《よ》ぶことがある。

＊マリー・キュリー…一八六七～一九三四年。ポーランド生まれのフランスの物理学者、化学者。放射性《ほうしゃせい》元素であるポロニウムとラジウムを発見。一九〇三年、夫のピエールと共にノーベル物理学賞を受賞。夫の死後、単独の研究で一九一一年にノーベル化学賞も受賞。

第五講

霊的な人類が出現する前に

——母《ぼ》胎《たい》の賛美——

クリスマスが近づいておりますので、ヨハネ伝に入ります前に、イエス・キリストや洗《せん》礼者《れいしゃ》ヨハネの誕生《たんじょう》についてお話ししたいと思います。

偉大《いだい》なる宗教家の出現については、その母親の霊的感化が非常に大きいといわれます。たとえば、今から三千年ほど前のこと、イスラエルの宗教が衰《おとろ》えて宗教家がすっかり堕《だ》落《らく》していた時代に、ハンナという婦人がおりました。彼女は石女《うまずめ》で子《こ》供《ども》がありませんでした。ハンナは、そのことを深く悲しみ嘆《なげ》き、子供が与《あた》えられたいと願って嗚《お》咽《えつ》しながら神の前に祈りました。

彼女は、「万軍《ばんぐん》の主よ、まことに、はしための悩《なや》みをかえりみ、わたしを覚え、はしためを忘《わす》れずに、はしために男の子を賜《たま》わりますなら、わたしはその子を一生のあいだ主にささげます」(サムエル記上一章一一節)と誓《ちか》いを立ててまで、心を注ぎ出して祈っておりました。すると、唇《くちびる》が動くだけで何を言っているのか声が聞こえないほど、聖霊に満たされる恍惚状況《こうこつじょうきょう》になりました。

こうして、ついに男の子サムエルが生まれるに至《いた》ります。神に願をかけて生まれた子供《こども》ですので、ハンナはサムエルを神に捧《ささ》げるために、幼《おさな》い時から宗教教育をいたし、さらに祭司エリに預けて宗教的修行《しゅぎょう》をせしめたのであります。

このサムエルが出て、神への信仰をもって宗教改革《かいかく》をしますと、イスラエル民族に宗教的精神が息吹《いぶ》き返しました。他民族の侵略《しんりゃく》に脅《おびや》かされ、分裂《ぶんれつ》していたイスラエル十二支族でしたが、一人の預言者サムエルによって精神的に統一されると、サウル王、ダビデ王、ソロモン王が立つようになり、イスラエルの歴史の全盛期《ぜんせいき》を迎《むか》えるに至ります。

この輝《かがや》かしい民族統一が成功する陰《かげ》に何があったか? そこには、サムエルの母となりました、ハンナの信仰と祈りがありました。(サムエル記上一、二章)

エリサベツとマリヤ

同様に、イエス・キリストが誕生《たんじょう》するのについても、その誕生以前に何があったかというと、まず母親たちに驚《おどろ》くべきリバイバル（信仰復興）が起きていたということです。

イエス・キリストの母マリヤが、いかに霊的雰囲気《ふんいき》に満たされていたか、聖霊の力が彼女をおおっていたか、ということを聖書は書いています。また、マリヤの叔母《おば》に当たりますエリサベツも同様でした。彼女は長い間、その胎《たい》が閉《と》じて石女《うまずめ》でありました。その夫である祭司ザカリヤは、神の前に正しく、共に信仰篤《あつ》き夫婦でしたが、彼らには子がなく二人とも老境に入っていました。

当時、エルサレムの神殿《しんでん》に仕える祭司は当番制でしたが、神殿の至聖所《しせいじょ》の前で奉仕《ほうし》できるのは、ごくまれなことでした。ある時、ザカリヤが神殿の務めに当たり、彼はひとり主の聖所に入って、香《こう》をたいて祈りつつありました。そこでザカリヤは神の御使《みつか》いに出会い、聖霊に触《ふ》れ、唖《おし》になるほど霊感状況《じょうきょう》になりました。

その時、御使いに告げられたことは、

「恐《おそ》れるな、ザカリヤよ、あなたの祈りが聞きいれられたのだ。あなたの妻エリサベツは男の子を産むであろう。その子をヨハネと名づけなさい。……彼は母の胎内《たいない》にいる時からすでに聖霊に満たされており、そして、イスラエルの多くの子らを、主なる彼らの神に立ち帰らせるであろう」（ルカ伝一章一三～一六節）ということでした。そして、そのお告げのとおり、エリサベツはみごもりました。

それからしばらくして、ナザレに住む処女《おとめ》マリヤに神の天使ガブリエルが現れて、受胎を予告しました。

「見よ、あなたはみごもって男の子を産むでしょう。その子をイエスと名づけなさい。彼は大いなる者となり、いと高き者の子と、となえられるでしょう」と。マリヤは驚《おどろ》いて、「どうして、そんな事があり得ましょうか。わたしにはまだ夫がありませんのに」と答えました。するとガブリエルは言いました、

「聖霊があなたに臨《のぞ》み、いと高き者の力があなたをおおうでしょう。それゆえに、生れ出る子は聖なるものであり、神の子と、となえられるでしょう。あなたの親族エリサベツも老年ながら子を宿しています。不妊《ふにん》の女といわれていたのに、はや六か月になっています。

神には、なんでもできないことはありません」と。マリヤは、
「わたしは主のはしためです。お言葉どおりこの身に成りますように」と答えました。

聖霊に満たされた婦人たち

この不思議な経験を伝えるために、マリヤはすぐに立って、大急ぎでユダの山里に住む叔母《おば》のエリサベツを訪《たず》ねてゆきました。エリサベツがマリヤの挨拶《あいさつ》を聞いた時、その子が「胎内《たいない》で喜びおどった」と書いてありますから、いかに彼女たちが聖霊に満たされていたかがわかります。この二人の婦人は、お互《たが》いに胎児が祝福され、聖霊に満たされるようにと祈り合い、神を賛美し合いました。(ルカ伝一章三九〜四五節)
この時、マリヤが霊感状況《じょうきょう》になって、即興的《そっきょうてき》に詠《よ》んだ歌が有名な「マリヤ賛歌」です。

「マリヤ賛歌」
わたしの魂は主をあがめ、
わたしの霊は救い主なる神をたたえます。

この卑《いや》しい女をさえ、心にかけてくださいました。
今からのち代々の人々は、わたしをさいわいな女と言うでしょう、
力あるかたが、わたしに大きな事をしてくださったからです。
そのみ名はきよく、そのあわれみは、代々限りなく
主をかしこみ恐《おそ》れる者に及《およ》びます。
主はみ腕《うで》をもって力をふるい、
心の思いのおごり高ぶる者を追い散らし、
権力《けんりょく》ある者を王座《おうざ》から引きおろし、
卑しい者を引き上げ、飢《う》えている者を良いもので飽《あ》かせ、
富んでいる者を空腹《くうふく》のまま帰らせなさいます。
主は、あわれみをお忘《わす》れにならず、
その僕《しもべ》イスラエルを助けてくださいました、
わたしたちの父祖アブラハムとその子孫とを
とこしえにあわれむと約束なさったとおりに。（ルカ伝一章四六～五五節）

こうして、聖霊の薫化《くんか》を著《いちじる》しく受けつつ、まずエリサベツが男の子を産みました。その人こそ、イエス・キリストに先立って出現した洗礼者《せんれいしゃ》ヨハネです。その後に、マリヤから生まれたのがイエス・キリストです。またマリヤの妹サロメも、姉の感化を受けており、使徒ヨハネや使徒ヤコブの母となりました。偉大《いだい》なる宗教的覚醒《かくせい》運動が起こる前に、まず少数の母たる婦人たちの間に、霊的なリバイバルの目覚めが始まっている。このことに注目しなければなりません。しかも、その目覚めは、子供《こども》が生まれてからではなく、ヨハネやイエスがまだ胎内《たいない》にあった時から、その母親たちは神の霊に浸《ひた》されて、胎内生活を送らしめた。私は、今のキリスト教が見逃《みのが》しているのは、この点だと思います。

一人の人間を地上に送り出すために

私たちの中には、「自分はなんで人間に生まれたのだろうか。なんで勝手に親は自分を産んだのか」などと自分を嘆《なげ》いて、捨《す》て鉢《ばち》のように思う人があります。私もかつてそうでした。生まれてこなければよかった、などと思いました。

しかしながら、神は一人の人間を地球上に生み出されるために、どれほど苦労されたか、ということを知る必要があります。

私たちの住む地球ができて、四十五億年ほどになります。また、最初の生命体が現れるようになってから、数十億年経《た》つといわれます（諸説《しょせつ》あるが、現在では三十八億年くらいといわれる）。初めはアメーバのような単細胞《たんさいぼう》生物でした。そこからだんだん進化して、脊《せき》椎《つい》動物が出てくる。やがて魚類、両生類、爬《は》虫類《ちゅうるい》などが発生し、さらに哺《ほ》乳類《にゅうるい》が現れてきました。そして、ついに哺乳類の中から、猿《さる》に似ているけれども猿とは違《ちが》った、ヒトができた。それが人類ですけれども、ここまで来るために数十億年もかかっています。

生物が進化を遂《と》げるということには、非常に長い時間を要します。

天地を創《つく》られた神が、この「人間」を地球上に送り出すために、どれほどの時間をかけられたかを思うと、驚嘆《きょうたん》します。その進化と同じ過程が、一人の人間を生み出すために、母の胎内《たいない》で急速に進んでいるのです。

こうして、私たち一人ひとりは生まれてきました。ですから私たちは、偶然《ぐうぜん》に生まれてきたなどと思ったら、とんでもないことです。もっと誇《ほこ》りをもたねばなりません。

胎《たい》生《せい》期間の不思議

そのことについて、*エルンスト・ヘッケルという生物学者が、「*個体の発生は、*系統《けいとう》発生（個体の所属する種が進化してきた過程）の短期間での急速な反復である」ということを言っております。すなわち、母親が新しく命を受胎すると、胎児はその瞬間《しゅんかん》から母胎の中で、人類が現れるまでに要した数十億年の生物進化の過程を全部通って、「人間」として生まれてくるということです。

母親の卵子が受精しました時は、一個の受精卵から始まります。それが妊娠《にんしん》一、二か月のうちに、尻尾《しっぽ》が生えたオタマジャクシのようになる。その後、魚などのようなエラができたかと思うと、そのエラは消えてしまい、肺《はい》が発達してきます（出産後には肺呼《はいこ》吸《きゅう》するようになる）。やがて尻尾も退化して消え、三か月頃《ごろ》まではだんだん人間としての体ができてきて、八か月にもなれば立派《りっぱ》な赤《あか》ん坊《ぼう》の姿《すがた》になります。

この胎生期間の変化は、まことに驚異《きょうい》です。数十億年の系統的進化の大仕事を、母の胎はわずか十か月でやってのけるとは、なんという造化の不思議でしょう。

脊椎動物の発生の比較

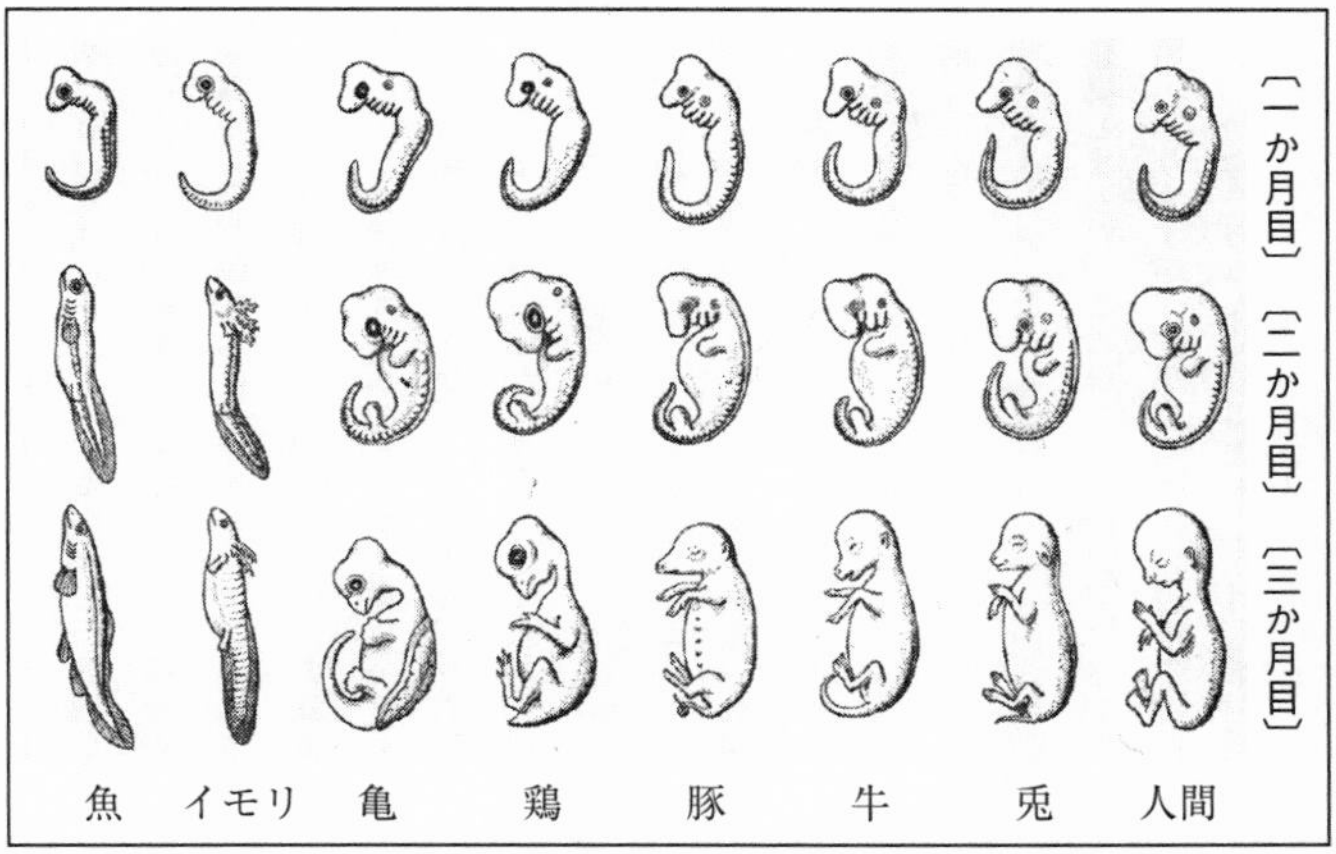

〈1か月目、2か月目までを見ると、発生過程の類似が明らかである〉

この神業《かみわざ》にも比すべき大事業を、みごとにやりおおせる母胎《ぼたい》については、どんなに礼賛《らいさん》しても賛美しきれません。「ユーテルス（子宮）は小宇宙《しょううちゅう》である」というが、まさにそのとおりです。

それでもし、数十億年かかって命が進化して今の人類にまで至《いた》ったことになぞらえるならば、子供《こども》が生まれるまでの十か月間、母の胎内にある一日は一千万年にも相当します。それを忘《わす》れて、母親が一日でも深酒して過ごしたとしてごらんなさい。胎児は一千万年の進化の阻害《そがい》を受けることとなります。

また、眠《ねむ》れないからといって、妊婦《にんぷ》が睡眠《すいみん》薬《やく》を飲んで頭が朦朧《もうろう》状態にあれば、生まれてくる子供《こども》は精神的にも肉体的にも重大な欠陥《けっかん》をもつに至《いた》るでしょう。胎内《たいない》での時間というものが、いかに大事であるか。それで聖書は、受胎した母たちの信仰生活のようすを書いているんです。

宗教心の深い子が生まれるには

母の胎、子宮というものは、婦人の身体のうちで最も精妙《せいみょう》に、しかも最も感情豊かで敏《びん》感《かん》にできている器官です。十か月間、胎児を宿している間に、母親の表面意識は何も知らずとも、子宮自体はどんな些細《ささい》な変化をもビリビリと感じながら、胎児のために悩《なや》み苦しみ、また喜びながら子供を守り育ててゆくものなのです。

洗礼者《せんれいしゃ》ヨハネが母の胎内にある時から、母親のエリサベツと父親のザカリヤは聖霊に満たされて生きていました。胎児もまた聖霊に満たされた。ここで聖書は、聖霊の働きということを強調しています。そうして生まれ出た洗礼者ヨハネによって、イスラエルに新しい時代が、新しい希望が始まったんです。イエスの母マリヤにも同様のことが起き、この洗礼者ヨハネに続いたのが、イエス・キリストでした。

十数年前、私が熊本に住んでいた頃《ころ》、若《わか》い人たちが結婚《けっこん》しますと、私はまずこのことを教え、母親の妊娠中《にんしんちゅう》には祈り深く聖霊に満たされて過ごすようにと指導したものでした。懐妊《かいにん》した婦人がいると、集会のたびに按手祈禱《あんしゅきとう》しては聖別を祈り、エリサベツやマリヤのように霊的生活をするようにと励《はげ》ましました。婦人たちだけではなく、父親たちも共に祈って過ごさなければ、宗教心の深い子は生まれてきません。

母の胎内《たいない》にいる時から聖霊に満たされる経験、このことによって新しい宗教改革《かいかく》が始まるんです。彼女たちは皆《みな》、そのことをほんとうに信じて、霊的に生きようと、いつも祈り深くありなさった。その頃に生まれた子供《こども》たちは、今、中高生になっていて、喜んで信仰しています。

胎生期を霊的に過ごす

胎生期の霊的感化というものがいかに大切か、これは畏《おそ》るべき真理です。

この重大さに、今のキリスト教界は気がついていない。年末になると、「クリスマスおめでとう」とは言います。しかし、クリスマスの前にどんなことが起きていたかは言いません。イエス・キリストという霊的人物が誕生《たんじょう》したのは、エリサベツやマリヤなど、母親たちが聖霊に満たされて生きるということをしはじめたからです。また、洗礼者《せんれいしゃ》ヨハネの父ザカリヤやイエス・キリストの父ヨセフたちが、いかに信仰の人であり、霊的な恩化《おんか》を尊《とうと》んでいたかということです。かくしてイエス・キリストが出現しました。

ヨハネ伝一章には、キリストを通して神の子とされた人は、「血すじによらず、肉の欲《よく》によらず、また、人の欲にもよらず、ただ神によって生れたのである」(一三節)と書いてあります。「神によって」というときに、神は霊ですから、霊的な働きによって生まれるという意味です。たとえ先祖にどのような問題があれ、もし自分が霊的な生活をしはじめたら、胎内《たいない》にある子供《こども》たちの成育の過程が良い意味において変わってくる、ということを言うんです。

私が熊本にいた時から十五、六年経《た》って、今、喜んで信仰で生きている子供たちがどのようにして育ってきたかということを私は思い起こし、あの頃《ころ》、若《わか》い姉妹《しまい》たちに霊的に過ごすことを勧《すす》めたのは決して間違《まちが》いではなかったと知ります。

このことは、実に重大なことだと思います。

今のような非宗教的な時代に、反抗期《はんこうき》の子供《こども》に「信仰を好きになれ」と言っても、なりませんよ。しかし、神様が有るとか無いとかいうことは議論《ぎろん》でないですから、心の底に宗教心が植えつけられている者にはわかるんです。これは父親、母親が、子供が生まれる前から、また生まれて幼《おさな》い頃《ころ》からも責任をもたねばならないことです。

人類進化の目標はキリスト

哺《ほ》乳《にゅう》類《るい》から進化した万物《ばんぶつ》の霊長である人類は、短期間に実に驚《おどろ》くべき精神的進化を遂《と》げてきたものです。しかし、これで進化の頂《ちょう》上《じょう》にあると思ったら大間《おおま》違《ちが》いです。生物進化の物差しで測れば、まだ生まれたばかりの未完成品でして、人類の未来には現代の人間が予知できない大きな可能性が開かれております。

＊北京《ペキン》原人の発見などに貢献《こうけん》した、フランスのカトリック司祭で古生物学者のテイヤー＊ル・ド・シャルダンは、次のように言っております。

「すべての生物が、一つの点に向かって進化発展《はってん》の一路をたどっている。それは、宇宙《うちゅう》全体も同じように進化していることの証《しょう》拠《こ》である。人間はその進化の軸《じく》であり、矢印の先端《せんたん》である。宇宙《うちゅう》は、前方と上方に進化しつつ、歴史の終局的な完成、すなわちオメガ（最終）点に向かってゆく。キリストこそは、その中心である」と。

まさにキリストこそ、人類の目指す最高意識です。

人類をはじめ、宇宙全体を中心に引きつけつつ上方へと引き上げ、進化させるもの――それは、恵《めぐ》みと真実に満ちみつるキリストの愛のエネルギーであります。

今から数百万年前に、人類は発生したといわれます。最初は猿《さる》と変わらないような人類の中から、人らしいアダム（人間）が生まれた。しかしながら、そのアダムに対して、聖書は何と言うか。使徒パウロはコリント前書一五章で、

「最後のアダムは命を与《あた》える霊となった」（四五節）と言っております。

最後のアダム、すなわち人間の完成した姿《すがた》は、イエス・キリストのように、命を与えるほどの愛に生きる霊的な人間であるということです。

未来のために

大昔の北京原人を見ることを通して、今の人類がどうやって進化したかがわかるように、

過去を見たら現在がわかります。そして、現在を見たら、未来の人類がどうあるべきかがわかります。

「すべての造られたものは、キリストに向かって、キリストを中心として存在《そんざい》する」(コロサイ書一章など)とパウロが言うように、キリストこそは、実に未来の人類のひな型です。これまで人間は、知性においては発達してきました。しかし、知性にのみ頼《たよ》ることがいかに危《あぶ》ないかということは、今や多くの人が気づいています。だが、どうしたらそれをコントロールできるか、ということがわからない。まだ霊というものが眠《ねむ》っていて、発達していないからです。

しかし、私たちが神の霊によって培《つちか》われだしたら、だんだんと霊が知性や感情をコントロールできるようになる。そして、ほんとうにイエス・キリストに似た人類が出てくる。ここに世界史の目標があります。また、聖書を読むことの大事さがあります。この神の仕事に対して、私たちは協力し、全宇宙《ぜんうちゅう》の意図を完成せしめようと思わなければいけないと思います。

私は、母となるべき人たちに集まっていただいて、胎生期《たいせいき》の心得をお教えしたい。

これは次の時代の幕屋《まくや》のため、いや、日本が霊的に、宗教的に復興するために必要なことだと思うんです。心から神を信ずるというのは難《むずか》しいことです。どこの家庭でも、年頃《としごろ》の子供《こども》の教育には悩《なや》まされると思いますけれども、しかし聖書は、はっきりとその道を私たちに教えてくれる。

未来の人類の姿《すがた》は、イエス・キリストのごとき姿である。

人類が完成した暁《あかつき》に、キリストのような人間ばかりが地上に満ちる時が来るならば、地上はもう神の国です。

聖書は何も「胎教《たいきょう》」ということを申すのではありません。もっと根本的なことを、子供が母の胎にある時から、神霊の感化を及《およ》ばしめ、霊的な新人類が誕生《たんじょう》するための備えを教えるんです。

私たちはこうやって聖書を読みますが、本当の読み方をしたい。ただ読むだけではいけません。キリストのご降誕《こうたん》の前に、聖霊に満たされて生きた人々があったように、私たちも神霊の中に生きることを如実《にょじつ》に体験しとうございます。

（一九七二年十二月三日　①）

＊エルンスト・ヘッケル…一八三四～一九一九年。ドイツの生物学者、思想家。「個体発生は種の系統《けいとう》発生の短縮《たんしゅく》された、かつ急速な反復である」とする「生物発生の根本法則」を唱えた。
＊個体発生…ヘッケルの造語。受精卵が成体になる過程のこと。
＊系統発生…ヘッケルの造語。それぞれの生物の種《しゅ》が、進化の過程で経てきた形態変化のこと。
＊北京原人…北京郊外《こうがい》の周口店で発見された化石人類。約七十万～二十万年前に生存《せいぞん》したと推定《すいてい》される。
＊テイヤール・ド・シャルダン…一八八一～一九五五年。フランスの地質学者、古生物学者、思想家。イエズス会の司祭。北京原人の発掘《はっくつ》に参加し、その研究で世界的に著名《ちょめい》な学者となった。彼は、進化を遂《と》げてきた人間が、この宇宙《うちゅう》の中でどのような位置を占《し》めているのかを省察。結《けつ》論《ろん》として、人間進化の矢印の先端《せんたん》にはキリストがいる、という進化論を展開《てんかい》した。

〔第六講　聖句　ヨハネ伝一章一九〜三四節〕

19さて、ユダヤ人たちが、エルサレムから祭司たちやレビ人たちをヨハネのもと
につかわして、「あなたはどなたですか」と問わせたが、その時ヨハネが立てたあ
かしは、こうであった。20すなわち、彼は告白して否《いな》まず、「わたしはキリストで
はない」と告白した。
21そこで、彼らは問うた、「それでは、どなたなのですか、あなたはエリヤです
か」。彼は「いや、そうではない」と言った。「では、あの預言者ですか」。彼は
「いいえ」と答えた。22そこで、彼らは言った、「あなたはどなたですか。わたした
ちをつかわした人々に、答えを持って行けるようにしていただきたい。あなた自身
をだれだと考えるのですか」。
23彼は言った、「わたしは、預言者イザヤが言ったように、『主の道をまっすぐに
せよと荒野《あらの》で呼《よ》ばわる者の声』である」。
24つかわされた人たちは、パリサイ人であった。25彼らはヨハネに問うて言った、

「では、あなたがキリストでもエリヤでもまたあの預言者でもないのなら、なぜバ
プテスマを授《さず》けるのですか」。26ヨハネは彼らに答えて言った、「わたしは水でバプ
テスマを授けるが、あなたがたの知らないかたが、あなたがたの中に立っておられ
る。27それがわたしのあとにおいでになる方であって、わたしはその人のくつのひ
もを解く値《ね》うちもない」。28これらのことは、ヨハネがバプテスマを授けていたヨ
ルダンの向こうのベタニヤであったのである。
29その翌日《よくじつ》、ヨハネはイエスが自分の方にこられるのを見て言った、「見よ、世
の罪を取《と》り除《のぞ》く神の小羊。30『わたしのあとに来るかたは、わたしよりもすぐれた
かたである。わたしよりも先におられたからである』とわたしが言ったのは、この
人のことである。31わたしはこのかたを知らなかった。しかし、このかたがイスラ
エルに現れてくださるそのことのために、わたしはきて、水でバプテスマを授けて
いるのである」。
32ヨハネはまたあかしをして言った、「わたしは、御霊《みたま》がはとのように天から下
って、彼の上にとどまるのを見た。33わたしはこの人を知らなかった。しかし、水

でバプテスマを授《さず》けるようにと、わたしをおつかわしになったそのかたが、わたしに言われた、『ある人の上に、御霊《みたま》が下ってとどまるのを見たら、その人こそは、御霊によってバプテスマを授けるかたである』。

34わたしはそれを見たので、このかたこそ神の子であると、あかしをしたのである」。

第六講

荒野《あらの》に呼《よ》ばわる声

ヨハネ伝一章一九～三四節

ヨハネ伝は、一章一八節までが序説になっており、一九節から本論《ほんろん》というべき内容に入ります。その最初に、イエス・キリストの前に世に現れた、洗礼者《せんれいしゃ》ヨハネのことが書かれています。

さて、ユダヤ人たちが、エルサレムから祭司たちやレビ人たちをヨハネのもとにつかわして、「あなたはどなたですか」と問わせたが、その時ヨハネが立てたあかしは、こうであった。（一章一九節）

ここに、「ヨハネが立てたあかし」とあります。

人間はそれぞれ、生まれてきた使命をもっています。一人ひとりに違《ちが》う使命があればこそ、その存在《そんざい》理由があります。洗礼者《せんれいしゃ》ヨハネは、「神からつかわされて、あかし（*μαρτυρια*）《マルテュリア》のためにきた」（一章六、七節）とありますように、イエス・キリストについて証《あか》しをすることこそ、彼の使命でした。

宗教的にはイエスの先輩《せんぱい》であり、年上の親族でもあったヨハネが、イエスを指して、「見よ、世の罪を取《と》り除《のぞ》く神の小羊。『わたしのあとに来るかたは、わたしよりもすぐれたかたである。わたしよりも先におられたからである』とわたしが言ったのは、この人のことである」（一章二九、三〇節）と証しすることは、世の常識を破る発言でして、人々には狂人《きょうじん》の寝言《ねごと》としか思えなかったでしょう。それでも、「このかたがイスラエルに現れてくださるそのことのために、わたしは来た」（一章三一節）と、自分の使命はキリストを証しすることにある、と言うヨハネは、まことに偉大《いだい》な宗教人であり、新約聖書における最初の証し人でした。

命がけの証《あか》し

洗礼者《せんれいしゃ》ヨハネは、「μαρτυρια《マルテュリア》　証し、証言」の人であった。

ここでいう「証し」とは、神学的に弁証《べんしょう》するとか、議論《ぎろん》や討論《とうろん》をしたりして証拠《しょうこ》だてるということではなく、身をもって証明する、はっきり公言するということです。このμαρτυρια《マルテュリア》というギリシア語から派生《はせい》して、ラテン語のmartyr《マルティル》(殉教者《じゅんきょうしゃ》)や英語のmartyr《マーター》(殉教者、殉難者《じゅんなんしゃ》)などに転化してゆきました。それは、本当の証しをすると、迫害《はくがい》を受けるからです。

洗礼者ヨハネも、真の宗教を説きましたために迫害され、ついにヘロデ王によって殺されてしまいました。しかしそのことが、「ヘロデ王はなんとひどいことをするのだろう」と人々の反感をあおり、かえって殺されたヨハネの名声が高まってゆきました。

宗教が迫害される時代には、本気で命がけでなければ、本当の証しはできません。

キリストによって始まった原始福音《げんしふくいん》は、殉教の歴史でした。

殉教の最初は誰《だれ》か、イエス・キリストです。それから、ステパノです。

初代教会においては、四世紀ぐらいまではそういう状態が続きました。命をかけてでも叫《さけ》ぶほどの真理が本物ですね。そうでなかったら嘘《うそ》です。今は、「証《あか》し会をする」などと言って良いことばかりを語り、病気が治ったくらいのことを証しとしていますが、聖書はそう言っていません。

昔は、事実を命にかけて証ししたものです。そのような証しを通して、この宗教が本当であると言われるようになりました。そんな意味で、フランシスコ・ザビエルによって日本に伝えられた頃《ころ》の信仰は本物でした。当時のキリシタンは、男も女も皆《みな》命がけで宗教的真理を証しして、次々に死んでゆきました。それに比べると、今の私たちの信仰はずいぶんずれています。

イエス・キリストは、最後に弟子《でし》たちに何と言われたか。

「あなたがたは、この世では患難《なやみ》がある。しかし、勇気を出しなさい。わたしはすでに世に勝っている」(ヨハネ伝一六章三三節)と言われました。現代でも、私たちが信仰するところ、迫害《はくがい》を伴《ともな》うのが本当です。患難《かんなん》もなく「めでたし、めでたし」だけでは嘘です。

今の世の中では、殺されたりはしないでしょう。でも、精神的な圧迫はずいぶん受けますよ。意地悪されたりします。心が悩《なや》みます。しかし、「たとえ患難《かんなん》があっても、私は信仰します」と喜んで言えれば本物です。そのような中で、魂は成長しますね。

今どき、真理のために精いっぱい体を張って生きる人間が、どれだけいるでしょうか。生きられる者は幸いです。

殉教者《じゅんきょうしゃ》・原主水《はらもんど》

今から三百五十年ほど前（一六二三年）のこと、徳川幕府《ばくふ》三代将軍《しょうぐん》・家光《いえみつ》の時代に、江戸でキリシタンの大迫害《だいはくがい》があり、高輪《たかなわ》の札《ふだ》の辻《つじ》（高札場《こうさつば》）で、五十人が処刑《しょけい》されました。

その中には、キリシタンの武士で、徳川家康《いえやす》の寵愛《ちょうあい》を受けた旗本の原主水（胤信《たねのぶ》）もいました。彼は、ある事件を通してキリシタンが弾圧《だんあつ》されたおりに、家康の怒《いか》りを買って、手足の指を切られて追放されてしまいました。しかし、天の喜びに生きては宣教《せんきょう》してやまず、ついに捕《と》らえられてしまったのでした。

彼は、一般《いっぱん》の信徒たちが先に殉教してゆくのを励《はげ》まし、いよいよ自分が火あぶりの刑に処せられる時が来ると、見物人に向かって叫《さけ》びました。

「私は長い年月、追放でも何でも甘受《かんじゅ》してまいった。私が極端《きょくたん》な責め苦にも耐《た》えてきたのは、この教えこそ真理であることの証《あか》しを立てるためにほかならぬ。この切られた手足が、何よりの証拠《しょうこ》である。私は、私の贖《あがな》い主《ぬし》キリスト様のために苦しみを受け、いま命を捨《す》てるのだ。イエス・キリスト様は、私に永遠の報酬《ほうしゅう》を下さるであろう！」と大音声《だいおんじょう》で証ししました。

ところが、そのキリシタンの中から、火刑《かけい》を恐《おそ》れた一人の背教者《はいきょうしゃ》が出まして、その場で釈放《しゃくほう》されました。すると、群衆《ぐんしゅう》の中から霊名フランシスコと名乗る武士が出てきて、背教者に向かって、

「われこそは信者の一人である。不幸にして殉教者《じゅんきょうしゃ》（マルティル）の数に漏《も》れているので、残念でならなかった。貴公《きこう》はここまで来ながら、天国《パライソ》の入り口でこの光栄ある祝福を捨てるとは、なんたるバカ者よ」と言いつつ、「代わりに捕《と》らえてくれ」と刑吏《けいり》に嘆願《たんがん》しました。だが、死刑人名簿《めいぼ》にない者を処刑《しょけい》するわけにもゆかず、追い返されました。

間もなく、十字架《じゅうじか》の前には薪《たきぎ》が山のように積まれ、火が燃えさかると、その武士は身を躍《おど》らせて飛《と》び込《こ》みました。この壮烈《そうれつ》な殉教ぶりには、見る人すべてが胸《むね》ふさがれ感嘆し

ました。その時、一人の大名が残酷《ざんこく》な死刑《しけい》を見ながら、「予も同信の者でござる。予も彼らと同罪をおおせつけられる光栄を得たい」と言って、多くの部下と共に願い出ました。
これを見て、江戸のキリシタン指導者の原主水たちは大いに喜び、神に祈り、感謝しつつ炎《ほのお》の中に死んでゆきました。これを目にした刑吏《けいり》たちは、皆《みな》その死骸《しがい》の下にひざまずいて黙禱《もくとう》し、敬礼《けいれい》するほどでした。これこそ、真の証言《マルテュリア》、死をかけた証言でした。
私たちも、いいかげんな気持ちでキリストを信じてはいけないと思います。

「私は声である」

彼（ヨハネ）は告白して否《いな》まず、「わたしはキリストではない」と告白した。そこで、彼らは問うた、「それでは、どなたなのですか、あなたはエリヤですか」。彼は「いや、そうではない」と言った。「では、あの預言者ですか」。彼は「いいえ」と答えた。そこで、彼らは言った、「あなたはどなたですか。わたしたちをつかわした人々に、答えを持って行けるようにしていただきたい。あなた自身をだれだと考えるのですか」。

彼は言った、「わたしは、預言者イザヤが言ったように、『主の道をまっすぐにせよと荒野《あらの》で呼《よ》ばわる者の声』である」。

（一章二〇〜二三節）

一九節にある「ユダヤ人たち」というのは、ユダヤ教の指導者たちのことです。融通《ゆうずう》の利《き》かない保守的なユダヤ教徒のことで、人種的にユダヤ人という意味ではありません。そのユダヤ人たちが人々を遣《つか》わし、ヨハネに対して「あなたはどなたですか」と問わせたとあります。当時、このヨハネには「預言者エリヤの再来だ」「救世主《メシア》（キリスト）だ」というような噂《うわさ》があったからです。それに対してヨハネは、「わたしはキリストではない。エリヤでもない。（モーセが出現を預言した）あの預言者でもない」などと、すべて否定《ひてい》で答えています。一章二〇節に、「彼は告白して否《いな》まず、『わたしはキリストではない』と告白した」とありますが、これはユダヤ的な表現です。私たち日本人にはわかりにくいですが、ヨハネが自分はキリストではないことを強調して、はっきりと告白したことを言っているんです。

さらに、ユダヤ人たちがヨハネに向かって、

「あなたはどなたですか。……あなた自身をだれだと考えるのですか」（一章二二節）と返答を強要しました時に、ヨハネは、

「わたしは、預言者イザヤが言ったように、『主の道（宗教）をまっすぐにせよと荒野《あらの》で呼《よ》ばわる者の声』である」（一章二三節）と述べています。

「εγω《エゴー》 φωνη《フォーネー》　私は声である」、荒野に叫《さけ》ぶ声である、と言ったヨハネ。

ヨハネは、己《おのれ》の権威《けんい》をユダヤ人たちから疑《うたが》われても、「自分は人間的な権威によって立てられた者ではない、ただ荒野に消えてゆく声だ」と答えて、既成《きせい》宗教家の議論《ぎろん》に乗ろうとしません。

声というものは、言葉や思想、心の中の思いを表現する手段《しゅだん》です。大事なのは、消えてゆく声音《こえ》ではありません。その中に盛《も》られた神の言《ことば》、神の意味、神の思想、神の知恵《ちえ》です。彼は単に、言霊《ロゴス》を伝える器《うつわ》でした。

ヨハネは、「自分は声である」と言って、言、ロゴスであるとは言いませんでした。ロゴスはキリストである。自分はただ神のロゴスの内容を伝える声にすぎない、と述べたヨハネは、単に謙遜《けんそん》であるというよりも、神の前に真に己の使命を知る人でした。

キリストを指さす人に

今、私はラジオ放送の全国ネットで、毎週日曜日の朝に信仰の講話をしております。だが、朝の五時、六時に、誰《だれ》が目を覚まして聴《き》いてくれるだろうかと思うと、空《くう》にこだますようで声に力が入りません。

二十数年前のこと、私は毎月NHKから迎《むか》えられて、スピーチを頼《たの》まれていた時代がありました。その時は、金一封《きんいっぷう》を貰《もら》ったものでした。今はどこから頼まれるわけでもなく、逆に毎月多額のお金を使って、ただ「声」だけが虚《むな》しく宙《ちゅう》に消えてゆく。その声を自分で聞いても、昔はもっと張りのある声が出たのに、なんと衰《おとろ》えたものだろうかと思います。今は舌がよく回らず、思想も途絶《とだ》えます。もっと実《み》のある伝道はないものか。

*ラジオ伝道などを始めて、果たして自分は間違《まちが》っていないだろうか、と疑《うたが》いたくなったりします。しかし、ヨハネが「私は荒野《あらの》に消えてゆく声である」と言い切っているところを読んで、つくづく「ヨハネよ、あなたは偉大《いだい》だなあ」と思わずにはおられませんでした。私ごとき者が、何かであろうと思ったことが大間違いです。

洗礼者ヨハネが叫んだ荒野と、後に建てられた教会跡(ヨルダン渓谷)

洗礼者《せんれいしゃ》ヨハネは、自分は荒野《あらの》に消えゆく声だ、と言った。あのパレスチナの砂漠《さばく》で、何かを言っても空《くう》に消えてしまいます。また、聞く人もいません。

しかし、彼によって新しい時代が始まったんです。すべてのことは神がご存《ぞん》じなのであって、彼は「荒野の声で十分だ」と自分を知っていました。ですから、イエス・キリストを紹介《しょうかい》するに当たっても、

「彼は必ず栄え、わたしは衰《おとろ》える」(ヨハネ伝三章三〇節)と言いました。

自分はひと時の灯火《ともしび》であって、やがて消えてしまうが、キリストだけが残ればいい。そのように、荒野に呼《よ》ばわる声である、と思っていた洗礼

者ヨハネ。彼は、自分を表そうとせず、ただキリストを指さした真の宗教家でした。ヨハネ伝のこの箇所《かしょ》を読みつつ、思いました。私は若《わか》い頃《ころ》、レオナルド・ダ・ヴィンチの不朽《ふきゅう》の傑作《けっさく》、若き洗礼者《せんれいしゃ》ヨハネの絵を机上《きじょう》に置いて、十字架《じゅうじか》のキリストを指さす人に憧《あこが》れたのではなかったか。それを、今こそやっているのではないのかと思えば、自分はなんと浅はかなことを考えるのだろうか、と涙《なみだ》に暮《く》れてたまりませんでした。

何も教派《きょうは》を作らず、教会一つ建てず、ただ「世の罪を負う神の小羊(キリスト)」を指さす境涯《きょうがい》、これが私の運命です。もし私が教派心を起こして、自分自身を指さすならば、とんでもない誤《あやま》りです。たとえ寂《さび》しくとも、私は洗礼者ヨハネのごとく、荒野《あらの》にこだまする声として、教会や無教会では語られないキリストを誰《だれ》かに訴《うった》える声であるならば、それで十分に満足です。

己《おのれ》の無価値《むかち》を知るヨハネ

つかわされた人たちは、パリサイ人であった。彼らはヨハネに問うて言った、「では、あなたがキリストでもエリヤでもまたあの預言者でもないのなら、なぜバプテスマを授《さず》けるのですか」。ヨハネは彼らに答えて言った、「わたしは水でバプテスマを授けるが、あなたがたの知らないかたが、あなたがたの中に立っておられる。それがわたしのあとにおいでになる方であって、わたしはその人のくつのひもを解く値《ね》うちもない」。これらのことは、ヨハネがバプテスマを授けていたヨルダンの向こうのベタニヤであったのである。

（一章二四～二八節）

エルサレムから宗教調査にやって来たパリサイ人たちに対して、ヨハネは「荒野《あらの》の声である」としか言わなかった。それでは話にならないというので、「では、どうして人々にバプテスマ（洗礼《せんれい》）を授けるのか」と彼らは尋《たず》ねました。

この「バプテスマを授ける」というのは、当時、異邦人《いほうじん》がユダヤ教に改宗するときには、水に体を浸《ひた》すこと（バプテスマ）によって偶像崇拝《ぐうぞうすうはい》の罪から清めました。もう一つには、ユダヤ人はメシアが来る前に身を清めるという意味で、バプテスマの儀式《ぎしき》が行なわれました。パリサイ人たちは、ヨハネがバプテスマを授ける権威《けんい》はどこから来るのかと聞こうとしますが、ヨハネはそれに対して答えません。彼は、

「それよりもっと大事なことがある。あなたがたの中に驚《おどろ》くべき人が立っている。それはイエス・キリストだ！」と単刀直入にキリストを示そうとしました。

こういうところを読むと、洗礼者《せんれいしゃ》ヨハネが並々《なみなみ》ならぬ人物であったことがわかります。彼は質問に対して、ただ答えを与《あた》える程度のことをしません。禅問答《ぜんもんどう》のようなものですね。「自分は声である」と言ったヨハネにとって、いちばん大事な宗教上の本質はキリストである、神のロゴスである、ということを言いたいんです。

さらにヨハネは、

「わたしはその人のくつのひもを解く値《ね》うちもない」（一章二七節）と言って、自分は横綱《よこづな》が土俵《どひょう》入りするための露払《つゆはら》いの役目をする者でしかないことを証《あか》ししました。

当時、靴《くつ》の紐《ひも》を解くことは奴隷《どれい》の仕事とされていました。ユダヤ教の聖典である『タルムード』＊によると、弟子《でし》である者は、師の言うことに何でも聞《き》き従《したが》わねばなりませんでしたが、ただ靴紐を解くことだけは要求されていませんでした。宗教を学ぶ者の人格が認《みと》められればこそです。

しかし洗礼者ヨハネは、「私はメシアの靴の紐を解くにも値《あたい》しない人間だ」と言うのですから、自分は奴隷《どれい》の仕事にもふさわしくないほど卑《いや》しい無価値《むかち》な存在《そんざい》である。それに比して、イエス・キリストがいかに絶大でありたもうか、と痛感《つうかん》して述べております。あまりに偉大《いだい》で輝《かがや》かしい者の前に立つと、自分がいかにも卑小《ひしょう》に見えるものです。

金星は明けの明星《みょうじょう》として夜空に輝いていますが、曙《あかつき》の光が射《さ》し初《そ》めるとともに金星の光は薄《うす》れ、太陽が現れるとすっかり姿《すがた》が消えてしまいます。あの空の稜線《りょうせん》に輝いていた星だのにと思って探《さが》しても、もうありません。それくらいに、洗礼者《せんれいしゃ》ヨハネは自分の価値のなさを知っていました。さらにヨハネは、

「わたしは、御霊《みたま》がはとのように天から下って、彼（イエス）の上にとどまるのを見た」（一章三二節）と言い、また、

「水でバプテスマを授《さず》けるようにと、わたしをおつかわしになったそのかたが、わたしに言われた、『ある人の上に、御霊が下ってとどまるのを見たら、その人こそは、御霊によってバプテスマを授けるかたである』。わたしはそれを見たので、このかたこそ神の子であると、あかしをしたのである」（一章三三、三四節）と言っております。

鳩《はと》が頭上にとどまるようにも神の霊がさびついている、その人こそキリストであると証《あか》

ししつつ、自分にはそれだけの聖霊経験がないことをヨハネは嘆《なげ》いています。

自分を捨《す》てきって生きる者

洗礼者《せんれいしゃ》ヨハネは弟子《でし》たちに向かって、

「彼（キリスト）は必ず栄え、わたしは衰《おとろ》える」（三章三〇節）と言いましたのも、単に謙遜《けんそん》であったというよりも、彼が自分の使命である「荒野《あらの》の声」として、キリストの道備えをすべきことに徹《てっ》していたからです。

このヨハネによって新しい時代が始まりましたが、いつの時代にも神は、ヨハネのように、私心なくして神の道備えをする人々を探《さが》しておられます。ヨハネのような人間になりきることこそ、宗教心の極意《ごくい》です。誰《だれ》もが自我《じが》を主張する現代にあって、自分を捨てきって生きたヨハネの姿《すがた》こそ、福音を伝える者の姿でなければなりません。幕屋《まくや》の伝道者には、幾人《いくにん》かその面影《おもかげ》をとどめている人がいます。

「自分は学問をした。相当な能力がある。宗教的な人間だ」と自らを誇《ほこ》り、セクトを作る者は、聖書の水準から落ちてゆきます。

「私はロゴスを伝える声でしかない。キリストを指し示す者でしかない。まるで自分は値《ね》うちのない者である」と知ってこそ、真の証人として、第一の資格があります。神の声として消えゆく人こそ、預言者です。

（一九七二年十二月三日　②）

＊ラジオ伝道…手島郁郎は、人生の最後にラジオ伝道に取り組んだ。召天《しょうてん》する前年（一九七二年）の十月一日から、「いのちの光」と題して放送を開始。仕事や家庭の都合、病気などで教会に行けない人、また行きたくない人のために、聖書の一句でも霊魂の糧《かて》としてもらいたいという思いを込《こ》めて始めた。最初は全国十局でスタート。後に全国十四局とハワイ一局になったが、一年後には体調が悪化して放送継続《けいぞく》を断念。しかし、各方面から中止を惜《お》しむ声が強く、改めてFM放送四局、AM放送三局で再開。三か月後に召天するまで継続した。

＊タルムード…ヘブライ語で、「学習、研究」の意。モーセの律法《りっぽう》についてのユダヤ教ラビ（教師）たちの口伝《くでん》や解説を集大成した聖典。

〔第七講　聖句　ヨハネ伝一章三五～三九節〕

35その翌日《よくじつ》、ヨハネはまたふたりの弟子《でし》たちと一緒《いっしょ》に立っていたが、36イエスが
歩いておられるのに目をとめて言った、「見よ、神の小羊」。37そのふたりの弟子は、
ヨハネがそう言うのを聞いて、イエスについて行った。
38イエスはふり向き、彼らがついてくるのを見て言われた、「何か願いがあるの
か」。彼らは言った、「ラビ(訳《やく》して言えば、先生)どこにおとまりなのですか」。
39イエスは彼らに言われた、「きてごらんなさい。そうしたらわかるだろう」。

第七講

見よ、神の小羊！　ヨハネ伝一章三五〜三九節

ヨハネ伝は、一章三五節から、いよいよイエス・キリストの伝道の記事が始まります。洗礼者《せんれいしゃ》ヨハネは、自分は「主の道をまっすぐにせよ」と荒野《あらの》で呼《よ》ばわる声である、と言いました。大事なのは声ではなく、神ご自身の言《ことば》・ロゴスである、と。ヨハネは、この神のロゴスなるキリストの道備えのために世に来た人でした。そのヨハネが、イエスを見た時に何と言ったか。次のように記しています。

その翌日《よくじつ》、ヨハネはまたふたりの弟子《でし》たちと一緒《いっしょ》に立っていたが、イエスが歩いておられるのに目をとめて言った、「見よ、神の小羊」。

（一章三五、三六節）

ここに、「ヨハネはまたふたりの弟子《でし》たちと一緒《いっしょ》に立っていた」とありますが、弟子たちの名前は書いてありません。もう少し先まで読んでみると、それはシモン・ペテロの兄弟であったアンデレと、このヨハネ伝を書いたヨハネだったことがわかります。

洗礼者《せんれいしゃ》ヨハネは、この二人の弟子たちにイエス・キリストを指して、「見よ、神の小羊！」と言いました。

「神の小羊」、これは旧約聖書の宗教を理解しなければ、その意味がわかりません。

聖書のメシア像

この言葉について、一章二九節では、

「見よ、世の罪を取《と》り除《のぞ》く神の小羊」と言っております。

ここで「取り除く」と訳《やく》された「αιρω《アイロー》」というギリシア語には、「担《かつ》ぐ、担《にな》う」という意味もあります。ですから、ただ「世の罪を取り除く」というよりも、「世の罪を背負《せお》って取り去る」「罪を担いで除く」と訳したほうが適当です。これは何のことを言っているかというと、メシア（救世主）の姿《すがた》を表しているんです。

旧約聖書のイザヤ書五三章には、人々の不義や罪を負う苦難《くなん》のメシアについて、次のように描《えが》かれています。

主はわれわれすべての者の不義を、
彼の上におかれた。
彼はしえたげられ、苦しめられたけれども、
口を開かなかった。
ほふり場にひかれて行く小羊のように、
また毛を切る者の前に黙《だま》っている羊のように、
口を開かなかった。
……
しかも彼は多くの人の罪を負い、
とがある者のためにとりなしをした。（六、七、一二節）

このように、世の罪をいっさい背負《せお》って屠《ほふ》られる、贖《あがな》いの小羊として生き、死にたもう

たのがイエス・キリストであるということです。

一章三六節に、「イエスが歩いておられるのに目をとめて(見つめて)」とありますが、イエスの風貌《ふうぼう》はよほど普通《ふつう》と違《ちが》っていたのでしょう。おそらくこの時のイエスは、四十日四十夜、飲まず食わずで祈り明かし、血みどろになって罪の問題と取り組まれ、ついにサタンとの対決に勝利された後だったのだと思われます。

ご自分の生涯《しょうがい》は、世の罪をいっさい背負《せお》って、十字架《じゅうじか》につけられる最期《さいご》であることを悟《さと》られたイエス・キリスト。その痛《いた》ましいお姿《すがた》を見て、洗礼者《せんれいしゃ》ヨハネは叫《さけ》んだのでした。

キリストのお姿を見たら、これはただの人ではない。この人の人格からにじみ出るものには、どんなに病《や》める者も癒《い》やし、罪深い者も清めずにはおかない、そんな不思議な神の生命《いのち》の流れがある。

それを、ヨハネは驚《おどろ》きをもって見出《みいだ》した時に、「見よ!」と言ったのです。

見よ、神の小羊! キリストを見ただけで、もう議論《ぎろん》でなくて、わかった。イエスこそメシアであることがわかった。この人によらなければ、本当の救いと神の国とに至《いた》ることはできない、ということをヨハネは知りました。

小羊の血による贖《あがな》い

古代イスラエルでは、小羊などの犠牲《ぎせい》をもって罪を贖い、また小羊の血をもって人や祭壇《さいだん》などを聖ならしめていました(レビ記四章三二〜三五節)。それは、古代のイスラエルでは、命は命でしか償《つぐな》えないという信仰があったからです。血は命の象徴《しょうちょう》でもあります。それで、生きとし生けるものに贖いの血、すなわち神の生命《いのち》を流しつつある者、それを「神の小羊」という言葉で表現しているんです。

罪というものは、なかなか消えにくい。この罪を帳消しにするためには、まず神の前に悔《く》い改《あらた》めるということが大事ですが、なお自分の罪を燔祭《はんさい》の献《ささ》げものに託《たく》して、犠牲の動物が屠《ほふ》られて死ぬように、自分の罪も滅却《めっきゃく》されるように、と聖書の民《たみ》は願いました。

人間は誰《だれ》しも、魂の奥深《おくふか》くに、罪の清算と一掃《いっそう》を願う心があります。罪の解決なくして、真に平安は得られないと知るからです。

日本でも、大晦日《おおみそか》の十二月三十一日には、全国の神社で古くから「大祓《おおはらえ》」の儀式《ぎしき》が行なわれ、一年の罪と穢《けが》れを祓《はら》う大祓の詞《ことば》が奏上《そうじょう》されます。そこでは、次のような意味の祈願がなされます。

「この日本に住む民《たみ》が、過《あやま》って犯《おか》すさまざまな罪があるであろう。罪が出てきたならば、高天原《たかまのはら》の神事にならい、神聖な祓《はらえ》の祝詞《のりと》を唱えよ。天《あま》つ神・国つ神はその祈りをお聞きくださり、罪はすべて消《き》え失《う》せるであろう。神々は、強い風が吹《ふ》き掃《はら》うようにそれらの罪を大海原《おおうなばら》に持ち出し、根の国・底の国にまで息吹《いぶ》いて、どことも知らない所へ持ち去って封《ふう》じ、あらゆる罪と穢《けが》れを消滅《しょうめつ》させて、すべての罪という罪はなくなるであろう。そのように願って、私どもが『祓《はら》えたまえ、清めたまえ』と申し上げることを、どうかお聞《き》き届《とど》けくださいますように、慎《つつし》んで申し上げます」。

特にこの日には、ご皇室《こうしつ》でも厳粛《げんしゅく》に、天皇《てんのう》ご自身、荒妙《あらたえ》の衣《ころも》を着て、ご自身と全国民のために、一年じゅうの罪の大掃《おおはら》いをなさいます。

同様に、イスラエルでは年に一回、今でも大贖罪日《だいしょくざいび》を迎《むか》えます。紀元七〇年にエルサレムの神殿《しんでん》が崩壊《ほうかい》するまで、この大贖罪日には大祭司が二頭の山羊《やぎ》を取り、一頭は犠牲《ぎせい》として献《ささ》げました。そして、もう一頭の頭に大祭司が手を按《お》いて民の罪を負わせると、荒野《あらの》の果てに放ち、地平線の彼方《かなた》まで罪をもって行かせました。これを「アザゼルの山羊《やぎ》」と言いました。そのようにして、ようやく罪が運び去られるということです。（レビ記一六章）

それを身をもって生き、世の罪を背負《せお》って死なれたのがイエス・キリストでした。

自ら死につつ他を生かす存在《そんざい》

聖書はこのように、世の罪のために屠《ほふ》られ血を流しつつある小羊がある、と訴《うった》えています。これは神の一面を表すものです。神は、ご自分の生命《いのち》を注いでやまぬお方なのです。それは、神様が創造《そうぞう》されたこの宇宙《うちゅう》を見てもわかります。太陽の熱が注がれているから、この地球上でも生きとし生けるものが生存できます。太陽が光と熱とを放射《ほうしゃ》しなかったら、地球はあっという間に崩壊《ほうかい》してしまいます。

同様に、私たち被造物《ひぞうぶつ》が生きられるのは、宇宙の初めから注いでやまない存在があるからです。それがあるから、生きられる。自分で生きているなんて思ったら、とんでもない間違《まちが》いですね。

血液の働きを見ても同様です。体内を循環《じゅんかん》する血液は、肺《はい》から酸素を吸収《きゅうしゅう》して各細胞《さいぼう》に供給《きょうきゅう》します。また栄養分を体の隅々《すみずみ》にまで運びます。こうして人間は何十年も生きますが、体じゅうを駆《か》け巡《めぐ》りながら働く血液は、赤血球で百二十日、白血球は数時間から数日の寿命《じゅみょう》です。他に与《あた》えつづけ、自らは消耗《しょうもう》し尽《つ》くして死んでゆきます。

罪を負って取り去る、といいますが、血液がすっかり体内の悪いものを運び出して新陳《しんちん》代謝《たいしゃ》を助けるように、キリストの御血《おんち》は、私たちの罪を引き受け贖《あがな》ってやみません。そのような神秘《しんぴ》な存在《そんざい》があるから、私たちは生きられるんです。

それについて、私はある人のことを思い起こします。

モロカイ島の聖者・ダミエン神父

ハワイ諸島《しょとう》には、モロカイ島という小さな島があります。

かつてハワイでは、らい病(ハンセン病)にかかったら、皆《みな》この島に捨《す》てられるように送られてきました。そのモロカイ島に、今から百年ほど前(一八七三年)のこと、ベルギー人神父のジョセフ・ダミエン*という人が、自ら志願してやって来ました。

しかし、世から捨《す》てられたらい病の人々は、神を呪《のろ》い自分を呪い、誰《だれ》も神を信じようとはしませんでした。ダミエンがどれだけ彼らの生活のために尽《つ》くし、愛を注ぎましても、彼らの冷えきった心は受け付けません。

「健康な者は、神は愛であると言うだろう。しかし、呪われた運命、呪われた身体《からだ》の自分たちにとって、神が愛であるものか」と言って、彼らは信じませんでした。

ダミエンは神に祈って呻《うめ》きました。とうとうある夜のこと、らい病人たちの膿《うみ》を洗《あら》い落《お》とした盥《たらい》の水をこっそり飲みました。それをある少年が見ていて、皆《みな》に話しましたが、誰も信じませんでした。ところがダミエンが発病し、その容体がひどいのを見て驚《おどろ》きました。そして、「ダミエンは、私たちと同じような病を負って、私たちの魂を救おうとしているのだ」ということを知り、皆が泣いて神の愛を信ずるようになりました。――そのような言い伝えがあります。

誰かが膿を飲まなければ、誰かが世の罪を負って、神のために自分の命を捨てるようなことをしない限り、人は救われず、神の小羊の福音《ふくいん》は伝わってゆきません。私たちがほんとうに宗教的安心を得た、救われたというときに、そのことの陰《かげ》で、ダミエン神父ほどではないにしても、小さいダミエンたちがいて尽《つ》くしてくれたからだ、と思います。

腎臓《じんぞう》の病で死ぬようなところを通られた松井濱子《はまこ》さんが元気になって、今日はここに来られたお姿《すがた》を見て嬉《うれ》しかった。しかし、あなたのために重荷を負うたご主人や、教友たちの陰《かげ》のご愛があったから、あなたは再び立ち上がってこの集会に来ることができたのである、と私は思います。

ただキリストを指さして

そのふたりの弟子《でし》は、ヨハネがそう言うのを聞いて、イエスについて行った。イエスはふり向き、彼らがついてくるのを見て言われた、「何か願いがあるのか」。彼らは言った、「ラビ(訳《やく》して言えば、先生)どこにおとまりなのですか」。イエスは彼らに言われた、「きてごらんなさい。そうしたらわかるだろう」。（一章三七〜三九節）

「きてごらんなさい。そうしたらわかるだろう」とありますが、原文は「ερχεσθε《エルケッセ》 και《カイ》 οψεσθε《オプセッセ》　来い！　そして見よ」、あるいは「来たれ！　しかして見ん」です。「きてごらんなさい」なんていう宣教師調《せんきょうし》の訳《やく》では心に訴《うった》えてこない。原文に従《したが》って、もっと強い訳し方をしなければ、私たちは従ってゆく気になりません。キリストは、「来い！　そして見よ」と言われた。その目で見よ、というんです。これは、よほど実力のある人間でないと言えません。

原始福音は議論《ぎろん》ではありません。「来たれ！　しかして見よ」という世界です。洗礼者《せんれいしゃ》ヨハネは自分の二人の弟子《でし》に対して、イエスを指して「見よ、神の小羊」と言いました。ヨハネは長い間、弟子たちに宗教教育を施《ほどこ》して、いちばん大事な点は神の小羊であるメシアに出会うことだ、と説いていたのでしょう。その二人の弟子は、ヨハネがそう叫《さけ》ぶのを聞くと、イエスについて行きました。

ヨハネは立派《りっぱ》ですね。年齢《ねんれい》でいえば、自分の後輩《こうはい》になるイエスです。しかし、イエスが現れると、「私は、あの人にとてもかなわない」と言った。弟子たちは、長い間お世話になった恩師を捨《す》てて、イエスの許《もと》に行きました。

伝道者というものは、とかく嫉妬心《しっとしん》があります。弟子を自分だけの枠《わく》に入れて握《にぎ》りしめようとする。それに対してヨハネは、そういう態度をそぶりも見せない。ヨハネは、自分の弟子《でし》を愛しているから、本当のものを紹介《しょうかい》できましたし、自分という人間に引き留めようとはしませんでした。

大事なことは、キリストを指さすことです。

自分という人間の許《もと》に、弟子や信者を置いておこうとするのは嘘《うそ》です。

「見よ、神の小羊」と言ってキリストを指さし、自分自身に引き留めなかったところが、洗礼者《せんれいしゃ》ヨハネの偉《えら》いところです。私も、手島の弟子を作ろうとは思いません。もし作るならば大間《おおま》違《ちが》いです。私の許で学んでも、各地で独立なさるようにせしめます。絶学せしめます。

振《ふ》り向《む》かれるキリスト

洗礼者ヨハネの許から二人の若者《わかもの》たちがついて来た時に、「イエスはふり向き……言われた」(一章三八節)とあります。ここで「振り向く」という意味で使われているギリシア語の「στρεφω《ストレフォー》」は、福音書に十二回出ております。

たとえばルカ伝二二章には、十字《じゅうじ》架《か》の前夜に、捕《と》らえられたイエスのようすを伺《うかが》おうと、尋問《じんもん》の行なわれている大祭司の家にペテロが忍《しの》び込《こ》んだ時のことが書かれています。周りの人々から、「あなたはガリラヤ人で、あのイエスの弟子《でし》でしょう」と疑《うたが》われて、ペテロは三度否《いな》んだ。すると、彼がまだ言い終わらないうちに鶏《にわとり》が鳴いた。その時、「主は振《ふ》りむいてペテロを見つめられた」（二二章六一節）とあります。ご自分を裏切《うらぎ》るペテロを見つめられるキリスト、ペテロは外に出て激《はげ》しく泣きました。

ヨハネ伝に戻《もど》ります。

洗礼者《せんれいしゃ》ヨハネの言葉を聞いて、イエスについて行こうとしたアンデレとヨハネは、みすぼらしく屠所《としょ》に引かれる小羊のような人物・イエスに師事することに疑念《ぎねん》が生じたのでしょう。その弱い信心ぶりを見て、イエスは立ち止まり振り向かれた。弱い人間に歩調を合わせてくださるキリスト！　それでこそ二人は救われました。

もしキリストが振り向いてくださらなかったら、私なんかは救われませんでした。

私たちは、神に近づいてゆこうとしても、自分の姿《すがた》を見たらとても神の御前《みまえ》には出られない人間です。しかし、イエスが弟子たちに振り向いてくださったように、神様は私たちが哀《あわ》れな姿であるにもかかわらず、振り向いてくださるから、神の御前に至《いた》ることができます。神が近づいてくださるから、私たちも近づくことができます。

「何を欲《ほっ》するか」

さて、近づいてきたアンデレとヨハネに対して、キリストはまず「何を願うか、何を求めるか」を問われました。キリストは私たちに対しても、「何を求めるか」と今日も問うておられると思います。

宗教といえば、何か自分のしたいこともせずに真面目《まじめ》にしていることかのように思われますが、キリストの宗教は「何を欲するか」を問題にします。ここに、仏教などとの違《ちが》いがあります。

仏教では、自分の欲望を断《た》つことが宗教です。また、禁欲的《きんよくてき》な教派《きょうは》でしたら「これをしたら罪だ、あれをしたらいけない」などと言います。それに対してキリストは、「何を欲するか」と問われる。地上に生まれて短い六十年、七十年の人生、何を求めるのか。そして、求めるものを与《あた》えることができるのがキリストの宗教です。

ですからイエス・キリストは、「山上の垂訓《すいくん》」の中で次のように言われました。

「山上の垂訓」が語られたガリラヤ湖畔

「求めよ、そうすれば、与《あた》えられるであろう。捜《さが》せ、そうすれば、見いだすであろう。門をたたけ、そうすれば、あけてもらえるであろう」（マタイ伝七章七節）と。

私たちが願い求めるならば、神様は聞いてくださるんです。「何を欲《ほっ》するか」とキリストが言われる時に、その人間の欲求《よっきゅう》に応《こた》えるもの、これ神であるということです。

ところが多くの人は、自分で門を開こうとする。人間がガタピシやるから、かえって運命が閉《と》じてしまう。

運命の門を開くのは神の側のことです。

私たちは今日、思い切って神様に求めて祈ろうではありませんか。

要求論的《ようきゅうろんてき》な宇宙観《うちゅうかん》

私たちは、神が創造《そうぞう》された宇宙に住んでいます。

「宇宙」は英語で「universe《ユニヴァース》」と言いますが、これは「uni《ユニ》 一つに」と「verse《ヴァース》 回転する、向く」という語からできています。すなわち、宇宙のすべてが相互《そうご》に関連して、一つになって存在《そんざい》しているということを意味します。

たとえば、秋になると柿《かき》が真っ赤に熟《じゅく》します。そこに鳥が飛んできて食べる。食べられるように熟するのが柿で、それを食べたいと願っているのが鳥です。また、春になって花が開くと、虫が喜んで飛んできます。花が芳《かんば》しく咲《さ》くのは、昆虫《こんちゅう》を呼《よ》び寄《よ》せて花粉を昆虫の足につけ、それによって受粉を促《うなが》すためです。要求のあるところ、必ず満たすものがある。このように植物といえども、他の生き物たちと協力関係で生きています。

このような要求論的宇宙観というべきものが、キリストの知っておられる宇宙観でした。これが聖書の宇宙観です。ですからキリストは、

「あなたがたは悪い者であっても、自分の子供《こども》には、良い贈《おく》り物《もの》をすることを知っている

とすれば、天の父はなおさら、求めて来る者に聖霊を下さらないことがあろうか」(ルカ伝一一章一三節)と言われて、ご自分の最も尊《とうと》いものでも、惜《お》しげもなく神は求めに応じて与《あた》えられる、と言われました。

求めよ、そうすれば与えられるであろう

私自身においても、欲《ほっ》するだけですべて事が運んでゆきます。

年末になると、私はいつもどこか静かな所に祈りに行きます。今度は、ダミエン神父の跡《あと》を訪《たず》ねて、ハワイの寂《さび》しい島、モロカイ島に行こうと思ったんです。そうしたら、旅行会社から思ってもみない提案があって、ただ同然で行けるようになってしまいました。それで、日曜日の集会ごとに喜んで出迎《でむか》え役をやってくれている、中高生のお嬢《じょう》さんたちや男の子を一緒《いっしょ》に連れてゆくことにしました。先日、その子らが家に来まして、「夢のようです。嬉《うれ》しい」といって、すずめが騒《さわ》ぐようににぎやかでした。私も何だか陽気になりまして、楽しくてしかたがありませんでした。

また、もう五年ほど前になりますが、南米のブラジルから「来てほしい」という手紙を貰《もら》いました。私には旅費も何もありませんでしたが、「教友たちのいるブラジルに行って交わり、信仰を励《はげ》ましたい」と願いました。

そうしましたら、沼津《ぬまづ》の服部潔《はっとりきよし》君が「先生、これを使ってください」と言って、新聞紙の包みを持ってこられました。後で開いてみたら多額の献金《けんきん》でした。それによって、南米に行くことができました。このようにして、至《いた》るところ助けてくださる人がおられます。神様が、あの方、この方に感応して、一つの協力関係を打ち立てておられるのだと思います。

神様の御心《みこころ》にかなうことと思って欲《ほっ》しさえするなら、宇宙《うちゅう》はどこからか応《こた》えてくる。

全宇宙は、呼《よ》び合《あ》い、引き合い、その願いを満たし合おうとしている不思議な世界です。神の霊に引きつけられ、一つキリストの霊が宿った者たち同士は、特別に微妙《びみょう》なつながりがあり、信じ助け合ってゆくんです。一切《いっさい》のものが自分の味方であり、一切が協力してくれる。宇宙は、大きな一つの連動装置のようになっています。

私はそういう世界を知っている。皆《みな》さんがうらやましいとお思いになるなら、そのような信仰に切《き》り替《か》えられることです。

キリストは「何を欲するか」と言われる。「求めよ、そうすれば与《あた》えられるであろう」

とあるのに、それを逆にしたら駄目《だめ》です。与《あた》えられること、見出《みいだ》すことを人間は先にやろうとするんですね。

信仰は、まず欲《ほ》しがってみること、神に求めてみることです。ヨハネ伝の冒頭《ぼうとう》に、「わたしたちすべての者は、その満ちみつるものの中から受けて、恵《めぐ》みに恵みを加えられた。恵みのお代わりをした」（一章一六節　私訳《しやく》）とありますように、この宇宙《うちゅう》には満たしに満たすものがあるんです。それを味わうことを福音的生活というんです。

こうして聖書を直《じか》に読んでみますと、今のキリスト教と聖書が言っておることとの違《ちが》いがある、ということにお気づきになると思います。私は現今のキリスト教を信じません。私は聖書を通して、キリストが、またその弟子《でし》たちがどうであったかを学びたい。私たちは、思い切って大きな願いを、聖なるambition《アンビション》（願望、夢、志）を、もちとうございます。

祈ります。

洗礼者《せんれいしゃ》ヨハネは、若《わか》い人々にキリストを指し示すことができました。私心のないヨハネの尊《とうと》さを今更《いまさら》のように思い、彼を模範《もはん》にいたしとうございます。我《が》の強い自分でありますけれども、どうか神様、すっかり自分を灰汁抜《あくぬ》きしてくださいまして、ほんとうに御前《みまえ》に立つことができる者になさしめたもうよう、お願い申し上げます。

貴神《あなた》は最初の弟子《でし》であるアンデレとヨハネに、「何を欲《ほっ》するか」と言われたように、ここに集《つど》うところの兄弟姉妹《しまい》たち一人ひとりに、何をしてほしいか、どうぞ言ってくださり、その願いをかなわしめてください。

私たちは自分の欲することを知りません。しかしながら、キリストと共に歩くうちに、だんだん何がいちばん価値《かち》があるか、尊いものであるかがわかってまいります。神様、どうぞ最も大切なものを私たち一人ひとりに教えて、力づけて、かけがえのない人生を生き抜かしめてください。

ほんとうに不思議な御贖《おんあがな》いです。今に至《いた》るまで、私たちのために御霊《みたま》を、生命《いのち》を注ぎつつありたまいますことを心いっぱい感謝いたします。どうぞ神の生命の水に、一人ひとりの魂を潤《うるお》してくださいますようお願いいたします。

（一九七二年十二月十日）

見よ、神の小羊！

＊ジョセフ・ダミエン…一八四〇～一八八九年。ベルギー人カトリック宣教師《せんきょうし》。神学生の時にハワイに渡《わた》り、一八六四年にホノルルで司祭となる。その後、志願してモロカイ島に渡り、ハンセン病者のために献身《けんしん》。「モロカイの聖者」と称《しょう》されている。

〔第八講 聖句 ヨハネ伝一章三九～五一節〕

39イエスは彼らに言われた、「きてごらんなさい。そうしたらわかるだろう」。そ
こで彼らはついて行って、イエスの泊《と》まっておられる所を見た。そして、その日は
イエスのところに泊まった。時は午後四時ごろであった。
40ヨハネから聞いて、イエスについて行ったふたりのうちのひとりは、シモン・
ペテロの兄弟アンデレであった。41彼はまず自分の兄弟シモンに出会って言った、
「わたしたちはメシヤ(訳《やく》せば、キリスト)にいま出会った」。42そしてシモンをイエ
スのもとにつれてきた。イエスは彼に目をとめて言われた、「あなたはヨハネの子
シモンである。あなたをケパ(訳せば、ペテロ)と呼《よ》ぶことにする」。
43その翌日《よくじつ》、イエスはガリラヤに行こうとされたが、ピリポに出会って言われた、
「わたしに従《したが》ってきなさい」。44ピリポは、アンデレとペテロとの町ベツサイダの人
であった。45このピリポがナタナエルに出会って言った、「わたしたちは、モーセ
が律法《りっぽう》の中にしるしており、預言者たちがしるしていた人、ヨセフの子、ナザレの

イエスにいま出会った」。46ナタナエルは彼に言った、「ナザレから、なんのよいも
のが出ようか」。ピリポは彼に言った、「きて見なさい」。
47イエスはナタナエルが自分の方に来るのを見て、彼について言われた、「見よ、
あの人こそ、ほんとうのイスラエル人である。その心には偽《いつわ》りがない」。48ナタナ
エルは言った、「どうしてわたしをご存《ぞん》じなのですか」。イエスは答えて言われた、
「ピリポがあなたを呼《よ》ぶ前に、わたしはあなたが、いちじくの木の下にいるのを見
た」。49ナタナエルは答えた、「先生、あなたは神の子です。あなたはイスラエルの
王です」。50イエスは答えて言われた、「あなたが、いちじくの木の下にいるのを見
たと、わたしが言ったので信じるのか。これよりも、もっと大きなことを、あなた
は見るであろう」。
51また言われた、「よくよくあなたがたに言っておく。天が開けて、神の御使《みつか》い
たちが人の子の上に上り下りするのを、あなたがたは見るであろう」。

第八講

キリストに随身《ずいしん》せしめるもの

ヨハネ伝一章三九～五一節

洗礼者《せんれいしゃ》ヨハネの二人の弟子《でし》たち、アンデレとヨハネが初めてイエス・キリストに出会いました時に、キリストは彼らに「何を求めるか」と言われました。一般《いっぱん》の宗教が禁欲的《きんよくてき》なものであるのに対して、キリストは「何を求めるか」と聞かれる。

ここに、他の宗教とキリストの福音《ふくいん》との違《ちが》いがあります。

「あれをしてはいけない、これをしてはいけない」ということが宗教生活であると思われる時に、私たちは神に求めつつ、自分の願いを実現してゆきたい。短い人生です。急いで、できるだけのことを、一日一生のつもりでやらなければ、ほんとうに満足した一生は送れません。

過去を顧《かえり》みて、ほんとうに怠惰《たいだ》であった。願いが薄《うす》かった。否《いな》、願ってもかなわないとあきらめごとにしておった。仏教という宗教地盤《じばん》で育てられた日本人は、とかくあきらめることが宗教だとしがちです。しかし私たちは、決してあきらめるものか。どんなことがあってもしぶとく食らいついて、「神様、なすべきことを、なさしめてください！」と、自分の使命を知る人間になりたいと思います。

来て、見よ！

「何か願いがあるのか」とイエスに問われた二人の若者《わかもの》たちは、「どこにおとまりなのですか」（一章三八節）と聞きました。それに対してイエスは、「来い！　そして見よ」と言われた。すると彼らは、何もかも置いて、直ちに従《したが》ってゆきました。

そこで彼らはついて行って、イエスの泊《と》まっておられる所を見た。そして、その日はイエスのところに泊まった。時は午後四時ごろであった。ヨハネから聞いて、イエスについて行ったふたりのうちのひとりは、シモン・ペテロの兄弟アンデレであった。彼はまず自分の兄弟シモンに出会って言った、「わたしたちはメシヤ（訳《やく》せば、キリスト）にいま出会った」。そしてシモンをイエスのもとにつれてきた。イエスは彼に目をとめて（見つめて）言われた、「あなたはヨハネの子シモンである。あなたをケパ（訳せば、ペテロ）と呼《よ》ぶことにする」。その翌日《よくじつ》、イエスはガリラヤに行こうとされたが、ピリポに出会って言われた、「わたしに従《したが》ってきなさい」。ピリポは、アンデレとペテロとの町ベツサイダの人であった。

（一章三九～四四節）

二人のうちの一人であったアンデレは、その後、すぐに兄のシモンのところへ行き、「わたしたちはメシアにいま出会った」と言って、兄をキリストの許《もと》へ連れてゆきました。キリストにお出会いしたら、もうジッとしておられなかったのでしょう。キリストを紹《しょう》介《かい》せずにはおられなくなる、そのような不思議な経験があります。

そのシモンを見られたキリストは、「あなたはヨハネの子シモンである。あなたをケパ（訳せば、ペテロ）と呼ぶことにする」

と言われた。ペテロというのは、「岩」という意味です。

さらに、その翌日《よくじつ》、イエスがガリラヤに行こうとされた時、ピリポに出会って言われた、

「わたしに従《したが》え！」と。

ここに「従ってきなさい」と訳《やく》されている「ακολουθει《アコルーセイ》」というギリシア語は、「服従《ふくじゅう》せよ」という意味ではありません。「見習って後ろからついて来い、弟子《でし》となれ」という意味です。また、弟子や家来に「随身《ずいしん》せよ、随行せよ」という意味です。これは、一生をかけて従ってゆくことを表しています。


　このピリポがナタナエルに出会って言った、「わたしたちは、モーセが律法《りっぽう》の中にしるしており、預言者たちがしるしていた人、ヨセフの子、ナザレのイエスにいま出会った」。ナタナエルは彼に言った、「ナザレから、なんのよいものが出ようか」。ピリポは彼に言った、「きて見なさい」。

（一章四五、四六節）


キリストから「従え」と言われたら、ピリポは従っていった。

そしてピリポは、この後、ナタナエルという者にナザレ出身のイエスを紹介《しょうかい》しました。初めは「ナザレから、何の良いものが出ようか。あんな所から出ることはない」と悪口を言ったナタナエルでしたが、ピリポはイエス先生の真似《まね》をして、彼に「来い！　そして見よ！」と言いました。

このナタナエルは、おそらくイエスの十二弟子《でし》の一人となった、バルテマイであろうといわれています。彼も言葉を交《か》わしただけで、すぐに弟子になりました。キリストに随身《ずいしん》するようになった。

聖霊の感化による伝道

こうして見てきますと、イエス・キリストはほとんど説教めいた伝道なんかしておられません。今の教会の牧師や宣教師《せんきょうし》のように、「特別伝道集会」なんて開かれなかった。現代のように、たくさん集会を開いて、そのうえで信者になるというような伝道をキリストはしておられない。神様のことを説明して、いろいろ説いて、信じたくないのに信ぜしめるような伝道ではない。

ある人に「来い！」と言いましたら、来る。もうキリストに触《ふ》れるだけで救われる。キリストに出会うだけで、磁石《じしゃく》に吸《す》い寄《よ》せられるように、ヨハネ、アンデレ、ペテロ、ピリポ、ナタナエルと、直ちに弟子《でし》になって付《つ》き従《したが》いました。

出会うだけで回心せしめる、これがイエス・キリストの伝道でした。

たとえば、イエスとその弟子たちが群衆《ぐんしゅう》に囲まれて歩いている時、十二年間血漏《ちろう》を患《わずら》っていた女が、イエスの衣《ころも》の裾《すそ》に触れた。すると女は、たちまち癒《い》やされた。その時イエスは、ご自分の内から力が出ていったことに気づかれて、「わたしの着物にさわったのはだれか」（マルコ伝五章三〇節）と言われた。これくらい神の力が働く伝道、これが本物です。

私が十五年くらい前に東京に来た時、初めて出会ったのが片岡関夫《ときお》君でした。彼は福島の医科大学の学生でしたが、それから私にくっついて離《はな》れませんでした。また、初めて高知に行きました時、ある小学校の校長に山奥《やまおく》の教会を案内されました。そこでバッタリ出会ったのが、上岡専一君、吉門直彌《なおや》君という二人の青年でした。それは、四国のチベットともいわれる山奥でのことでした。そういう人たちの信仰は長続きしないだろう、と思うでしょうが、その人たちは今なお信仰しております。

あるいは九州に増永サチさんという婦人がおりますが、彼女の弟や妹が原始福音の信仰に触《ふ》れて喜びなさった。すると彼女は、姉として心配になって集会に来ました。「私はですね、弟や妹があんまり信仰にのぼせていますから、監視《かんし》に来たんですよ」と言うんです。ところが、集会が始まって祈りに入ると、いちばんに聖霊を注がれてひっくり返ったのが彼女でした。理屈《りくつ》も何もありませんでした。

私は今でもその時のことをハッキリと覚えています。サチさんは、もう感動が止まらず全身が震《ふる》えていなさった。こうやって始まる信仰があります。今のキリスト教では考えられないことです。

この人たちは皆《みな》、ただ出会っただけです。そしてその時、一度集会しただけです。それでも、霊的な感受性の強い魂ならパッと感ずるものなんです。

キリスト教会では、「幕屋《まくや》には神学がないから長続きしない」などと言うが、神の生命《いのち》が私たちをつなぐのであって、神学や知識が魂をつないだりはしません。彼らは、全然聖書を読めていない。

イエス・キリストは、ピリポやナタナエルのような素直《すなお》な魂を選んで伝道されています。

彼らは、「わたしに従《したが》え」と言われるだけで、どんどん直弟子《じきでし》となってついて行きました。これが本当なんです。「わたしに従え」と言ったら、従ってくるだけの何かをもっていなければ、こんなことは起きません。このような感化力は、イエスがよほど聖霊に満たされておられたからです。

「ナザレから、何の良いものが出ようか」と悪口を言ったナタナエルも、いっぺんにひっくり返って直ちに随身《ずいしん》した。イエス・キリストが「来て、見よ！」と言われるように、信仰は事実であって、強《し》いて説得すべきものではありません。

純真《じゅんしん》であれ

イエスはナタナエルが自分の方に来るのを見て、彼について言われた、「見よ、あの人こそ、ほんとうのイスラエル人である。その心には偽《いつわ》りがない」。（一章四七節）

ここで、イエス・キリストは「ナタナエルの心には偽りがない」と言っておられます。「偽り」と訳《やく》された語は「δόλος《ドロス》　欺瞞《ぎまん》、見せかけ」というギリシア語です。「ドロスが

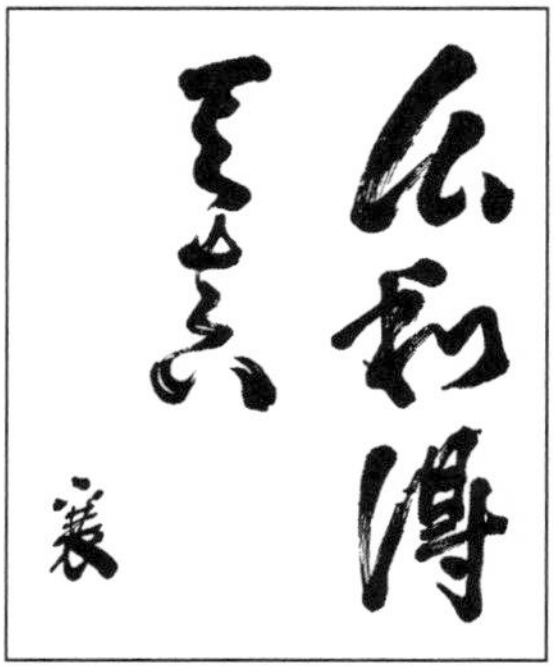

ない」ということは「純真《じゅんしん》、素朴《そぼく》である」ということです。ある方が、＊新島襄《じょう》先生が揮毫《きごう》された色紙を下さいました。そこには、次の言葉が記されていました。

「心和得天真」（心和すれば天真を得《う》）

心が和《なご》やかであれば、天真爛漫《てんしんらんまん》な気持ちを得ることができる。これは新島先生がお好きだった言葉です。天真爛漫で、飾《かざ》りけのない純真そのものの心。

幕屋の皆《みな》さんは、どちらかというと、純真です。純情です。飾りたてして、律義《りちぎ》に頑張《がんば》って良いことをしようとはしません。あるがままの人が多い。これは幕屋《まくや》人《びと》の特徴《とくちょう》です。

キリストは、そういう人を見つけ出して、ご自分の弟子《でし》にされた。

ナザレから何の良きものが出ようか、と言っていたナタナエル。しかし、そのナザレからイエスが出てこられたら、「ああ！」と言って、彼は純真にそれを受け止めました。人間は、心貧しければ本当のものに接することができます。しかし、いろいろ外側を飾りたてて欺瞞《ぎまん》があると、大事なものに触《ふ》れることができません。

天使を見る眼《め》をもつ者

ナタナエルは言った、「どうしてわたしをご存《ぞん》じなのですか」。イエスは答えて言われた、「ピリポがあなたを呼《よ》ぶ前に、わたしはあなたが、いちじくの木の下にいるのを見た」。ナタナエルは答えた、「先生、あなたは神の子です。あなたはイスラエルの王です」。イエスは答えて言われた、「あなたが、いちじくの木の下にいるのを見たと、わたしが言ったので信じるのか。これよりも、もっと大きなことを、あなたは見るであろう」。また言われた、「よくよくあなたがたに言っておく。天が開けて、神の御使《みつか》いたちが人の子の上に上り下りするのを、あなたがたは見るであろう」。

（一章四八～五一節）

ナタナエルはイエスに、
「どうしてわたしをご存じなのですか」と聞きました。するとイエスは、
「ピリポがあなたを呼ぶ前に、わたしはあなたが、いちじくの木の下にいるのを見た」と

答えられた。イスラエルのいちじくの木はずいぶん大きいです。亭々《ていてい》として茂《しげ》っていますね。暑い盛《さか》りには、人々はその木陰《こかげ》で休んだりします。しかし、ナタナエルは普通《ふつう》の人とは違《ちが》っておったのでしょう。彼は祈っていたのか、瞑想《めいそう》していたのか、その姿《すがた》を見ただけでイエスにはおわかりであった。

しかし、わざわざピリポが呼《よ》びに行くほどですから、遠くて見えるはずがありません。それなのに見ることができる人とは何だろう。ナタナエルは、イエス・キリストの千里眼、透視力《とうしりょく》に驚《おどろ》きました。その途端《とたん》に彼は、

「先生、あなたは神の子です。あなたはイスラエルの王です」と言いました。王たるべき人、油注がれた人という意味でしょう。それに対してイエスは、

「もっと大きなことを、あなたは見るであろう」と言われました。何を見るかといえば、

「天が開けて、神の御使《みつか》いたちが人の子の上に上り下りするのを見る」と。

ナタナエルについて、イエス・キリストは「彼は真《まこと》のイスラエル人だ」と言われましたが、最初にイスラエルと呼ばれた人は父祖ヤコブです。ヤコブは兄エサウをだまして逃《に》げる途中、ベテルで天が開けて、天使が上り下りするのを見ました（創世記《そうせいき》二八章）。それか

らというもの、神にひとたび触《ふ》れてからのヤコブは運命が変わりました。彼は後に、天使から「イスラエル」という名を与《あた》えられました。

すなわち、真《まこと》のイスラエル人とは、天が開けて、神の御使《みつか》いが上り下りするのを見る眼《め》をもつ者のことです。

では、その素質は何かというなら、まず純真《じゅんしん》な魂でないといけない。自分の外側を誇《ほこ》り、高ぶるような人間は駄目《だめ》です。順調に生きている人は、その外側を誇って生きるでしょう。しかし、人様の前にも出られないような人間は、誇れません。したがって、謙虚《けんきょ》になります。純真になります。もちろん、貧しく過去に落ち度があったからといって、必ずしも良いというわけではありませんが。

視覚像《しかくぞう》・直覚像

普通《ふつう》の人間は、目を開けば物を見ることができます。これを視覚像といいます。それだけでなく、たとえばロウソクの火をじっと見つめてから目を閉《と》じると、残像が残ります。それを記憶《きおく》心像ともいいます。

ところが優《すぐ》れた画家とか芸術家、詩人、または大学者になりますと、直覚像というものがあるんです。直観像とか直覚像、子供《こども》の頃《ころ》はこれをよく見るものです。「おばあさんが、あんなにニコニコして来なさった」などと、そこにいない人が見える。眼《め》を閉《と》じれば閉じるほどハッキリする。眼を開けても閉じても、直覚像が映《うつ》る。

子供は直覚像をもっています。大人になっても、詩人や偉大《いだい》な画家になりますと、そういうビジョンを見るんです。これは幻覚《げんかく》ではありません。予言者とか大科学者といわれるような人は、しばしばこれによって助けられている。

私が若《わか》い頃に出会った人で、東北大学の佐藤定吉《ていきち》先生*という方がおりました。佐藤先生は、傘《かさ》の柄《え》に使うベークライトなどの合成樹脂《ごうせいじゅし》に関する研究では、日本における先駆的《せんくてき》な科学者でした。この先生が言われるのに、「自分が大学の教職を辞して、キリストの伝道ができるのは、いろいろな特許をもっているからだ」ということでした。

先生はある時、東北大学の研究室にいましたが、どうしても良いアイデアが浮《う》かばない。その時、西の方に輝《かがや》く雲が形を成して方程式を示した。「ああ、そうだ!」と思って、自分は発明を完成した、と言っておられましたが、これは直覚像です。ビジョンがワーッと現れてくる。誰《だれ》でもではないから特異《とくい》な例だけれども、子供《こども》は大概《たいがい》それをもっています。しかし、勉強するとそれを失うんです。インテリほどそれがなくなります。私のようにバカテリはまだもっているですね、時々ハッとわかります。

だから、イエス様がナタナエルを見られた時、

「ああ、あなたは本当のイスラエル人だ。あなたには偽《いつわ》りがない。嘘《うそ》がない。あなたは、いちじくの木の下にいるのを私が透視《とうし》したくらいで驚《おどろ》くな。あなたは、天使が上り下りするのを見るだろう」と言いました。

こんな見る力を欲《ほ》しいと思いませんか、皆《みな》さん。純真《じゅんしん》な気持ちになって、幼《おさ》な子《ご》のような気持ちになってごらんなさい。不思議なことがずいぶんありますよ、人間には。

どうか私たちは、私たちの中心に立ちたもうキリスト、そのキリストによっていかに多くの見えない天使が私たちを助けつつあるか、ということを見とうございます。

来て見る信仰と考える信仰

キリストはこのように、真《まこと》のイスラエル人ともいうべき純真な人たちを集めて、弟子《でし》に

なさいました。世の人の評価と、キリストの見たもう選びとの違《ちが》いということがおわかりになると思います。

何であれ、私たちはまず純真《じゅんしん》でなければならない。天真爛漫《てんしんらんまん》で、作り飾《かざ》りのない無造作な者でなければならぬということです。

これは信仰にとっていちばん大事なことです。道徳的努力をすることを信仰だとか、神学研究をすることが信仰だと思ったら大間違いです。

イエス様が「来て、見よ！」と言われるのは、どうしてか。

来て見る信仰と、考えて信じる信仰との違いがあるんです。「来て、見よ！」なんて、今のキリスト教では言いません。しかし、原始福音の私たちは言います、「幕屋に来てごらんなさい。幕屋に滾《たぎ》っているこの愛を、この現実を、不思議な奇跡《きせき》が起こるということを、見たらわかる」と。

とにかく今の世の中は、議論《ぎろん》の多い、頭でものを考える知識の世界です。それをやめなければ駄目《だめ》です。もっと人間には尊《とうと》い性質があるんです。それを開発しようと思わなければ、この信仰についてこられません。

祈ります。キリストのお父様、心から御名《みな》を賛美いたします。私どものような暗愚《あんぐ》な者に目を留めていただき、このような喜ばしい世界に入《い》れ込《こ》みたもうたことを感謝いたします。私たちはチッポケな人間でありながら、傲慢《ごうまん》な者でございます。どうぞもう一度、へりくだって純真《じゅんしん》に額《ぬか》ずきとうございます。

教えてください、導いてください、お示しください！　預言者イザヤが神殿《しんでん》で神様の裳《も》裾《すそ》を見ましたように、私たちもありありとビジョンを見とうございます。教えられとうございます。

どうぞ一人ひとりを、不思議な方法をもって導いてくださるよう、お願いいたします。ほんとうに私たちは、なんと御恵《みめぐ》みの不思議に囲まれて、導かれつつあるかを思い、心いっぱい感謝です。神様、ここに集《つど》う一人ひとりを祝福してください。どうぞ一人ひとりに、「我に従《したが》え」と言って、お弟子《でし》となしてくださいますように、お願い申し上げます。

私たちは、すべての議論《ぎろん》を捨《す》てて、御前に額きとうございます。驚《おどろ》くべき霊の力を、一人ひとりに効《き》かして、どうか、呼《よ》び集《あつ》めたもうようお願いいたします。

（一九七二年十二月十七日）

＊新島襄…一八四三〜一八九〇年。江戸に生まれる。安中藩士《あんなかはんし》の子。牧師、教育者。二十一歳《さい》の時に国禁を犯《おか》して渡米《とべい》。アマースト大学、アンドーヴァー神学校を卒業。一八七五年、京都に同志社英学校(現・同志社大学)を創設《そうせつ》し、キリスト教主義の教育を創始。明治時代のキリスト教界の指導者としても貢献《こうけん》した。

＊佐藤定吉…一八八七〜一九六〇年。徳島県に生まれる。東北大学教授。一九二六年、月刊誌《げっかんし》『科学と宗教』を創刊。翌年《よくねん》、「イエスの僕《しもべ》会」運動を開始。全国的に、特に高校生・大学生の間にリバイバル伝道を展開《てんかい》した。手島郁郎は、長崎高等商業学校の学生時代に、この運動に加わった。

〔第九講　聖句　ヨハネ伝二章一～一一節〕

1三日目にガリラヤのカナに婚礼《こんれい》があって、イエスの母がそこにいた。2イエス
も弟子《でし》たちも、その婚礼に招かれた。
3ぶどう酒がなくなったので、母はイエスに言った、「ぶどう酒がなくなってし
まいました」。4イエスは母に言われた、「婦人よ、あなたは、わたしと、なんの係《かか》
わりがありますか。わたしの時は、まだきていません」。5母は僕《しもべ》たちに言った、
「このかたが、あなたがたに言いつけることは、なんでもして下さい」。
6そこには、ユダヤ人のきよめのならわしに従《したが》って、それぞれ四、五斗《と》もはいる
石の水がめが、六つ置いてあった。7イエスは彼らに「かめに水をいっぱい入れな
さい」と言われたので、彼らは口のところまでいっぱいに入れた。8そこで彼らに
言われた、「さあ、くんで、料理がしらのところに持って行きなさい」。すると、彼
らは持って行った。
9料理がしらは、ぶどう酒になった水をなめてみたが、それがどこからきたのか

知らなかったので、(水をくんだ僕《しもべ》たちは知っていた)花婿《はなむこ》を呼《よ》んで
10
言った、「どんな人でも、初めによいぶどう酒を出して、酔《よ》いがまわったころにわるいのを出すものだ。それだのに、あなたはよいぶどう酒を今までとっておかれました」。
11
イエスは、この最初のしるしをガリラヤのカナで行い、その栄光を現された。そして弟子《でし》たちはイエスを信じた。

第九講

カナの婚宴《こんえん》

ヨハネ伝二章一～一一節

イエス・キリストは、伝道に立たれる前に、ヨルダン川で洗礼《せんれい》を受けられると、天が開けて聖霊が鳩《はと》のように降《くだ》る体験をされました。それから聖霊に導かれて荒野《あらの》に行き、悪魔《あくま》と対決するために四十日四十夜、断食《だんじき》して祈り、瞑想《めいそう》しつづけられた。その後、再び姿《すがた》を現されると、数人の弟子《でし》たちが従《したが》ってくるようになりました。

ヨハネ伝二章は、イエスとその弟子たちが、ガリラヤのカナという村で開かれた結婚式に招かれたところから始まります。

三日目にガリラヤのカナに婚礼があって、イエスの母がそこにいた。イエスも弟子

たちも、その婚礼《こんれい》に招かれた。（二章一、二節）

カナは、イエスがお育ちになられたナザレから六キロほど離《はな》れた所にあります。そこで、イエスの親族に当たると思われる家に婚礼があり、イエスの母マリヤは手伝いに行っていたのでしょう。その婚礼の席に、イエスは五人の弟子《でし》たちを連れて出席されました。

イエスが公《おおやけ》の伝道生活を始める最初に、結婚式を祝われたという事実を見ると、荒野《あらの》で悔《く》い改《あらた》めを叫《さけ》ぶ洗礼者《せんれいしゃ》ヨハネの信仰と、イエス・キリストの福音《ふくいん》との違《ちが》いがわかります。

洗礼者ヨハネのような禁欲的《きんよくてき》な宗教、またはエルサレムにいる職業的な祭司たちの宗教――お寺やお宮、教会に行って儀式《ぎしき》を守ることが信仰だと思っている人たちの宗教――と、日常生活が信仰であると考えるイエスの宗教との相違点《そういてん》が、ここでは明確に対比されています。

カトリックの神父や尼僧《にそう》のように、結婚を否定《ひてい》し、修道院にでも籠《こも》ることを宗教生活だとは思わず、この世の中で生活する祝福こそ、イエス・キリストの宗教でした。

現在のカナ

聖書が説く婚姻《こんいん》の尊《とうと》さ

葬式《そうしき》と結婚式が重なるような時に、日本だったら葬式のほうが大事だと思うのに対して、古《いにしえ》のユダヤ社会では結婚式のほうが重要でした。もし葬儀《そうぎ》の列と花嫁《はなよめ》の列がすれ違《ちが》う場合には、葬列のほうが道を譲《ゆず》って花嫁を祝福します。

そのように、人生にとって婚姻ということが非常に重大な意義をもつ、と考えるのが聖書です。

創世記《そうせいき》の最初を読むと、神は天地創造に際して、ご自分に似せてアダム（最初の人間）を造られましたが、なおアダムからエバを造って彼に与《あた》え、「二人は一体となれよ」（創世記二章二四節）という戒《いまし》めを残されました。

アダムはその妻エバに対して、「わたしの骨《ほね》の骨、わたしの肉の肉！」（創世記《そうせいき》二章二三節）と叫《さけ》び、共に喜び合い、愛し合った時から、エデンの園《その》――天国が始まっております。では、誰《だれ》がこの二人の仲人《なこうど》をしたのか？　主なる神様です。また、ユダヤの伝説によると、最高の天使であるガブリエルとミカエルが介添《かいぞ》えをした、といわれています。

聖書は、これほど結婚《けっこん》という事柄《ことがら》を重んじ、聖別し、尊《とうと》んでいるんです。

これに反して現代では、結婚を単に男女の便利な共同生活と思い、セックスの機会ぐらいにしか考えない人が多くなりました。若《わか》い人々が手軽にデートして、簡単《かんたん》にセックスにおぼれてしまう現代の風潮《ふうちょう》は、実に人間性の冒瀆《ぼうとく》であり、人格の破壊《はかい》です。週刊誌《しゅうかんし》の広告などを見ると、汚《けが》らわしい情事が堂々と宣伝《せんでん》され、皆《みな》がそんなことに興味をもつとは、なんと見下げた国民でしょう。大正年間くらいまでの日本は、まだ良い国でしたが、こんな時代が来るとは思いませんでした。日本のために悔《く》やみます。ですから、現今《いま》のような結婚観でこういう聖書の箇所《かしょ》を読んでも、わからないと思います。

古代のユダヤ女性たちは、自らを精進潔斎《しょうじんけっさい》して嫁《とつ》いでいっただけではない。もし妊娠《にんしん》したら、「救世主《メシア》の母となる」という希望と可能性に一身の尊さを自覚していました。そうやって、メシアを待望しながら嫁《とつ》いだものでした。

ですから、特に優秀《ゆうしゅう》な娘《むすめ》たちは、貧しくとも宗教家であるラビに嫁ぐことが最高の名誉《めいよ》でした。まず物質的に安定した嫁ぎ先をと、経済的に結婚《けっこん》を考える現代の女性とは、なんという大きな心の相違《そうい》でしょうか。とはいうものの、今のキリスト教界では、志望者の少ない神学大学などに行くのは三流か四流の男が多いですから、娘たちもそれを知って嫁いだりはしないでしょう。

明治・大正年間の牧師には、ずいぶんと立派《りっぱ》な人々が、それこそ殉教《じゅんきょう》を覚悟《かくご》で伝道に志願されたものでした。当時からの老牧師夫妻を見ると、手を合わせて拝《おが》みたいような方々がおられます。

ぶどう酒がなくなっても

ぶどう酒がなくなったので、母はイエスに言った、「ぶどう酒がなくなってしまいました」。イエスは母に言われた、「婦人よ、あなたは、わたしと、なんの係《かか》わりがありますか。わたしの時は、まだきていません」。

（二章三、四節）

イエスが五人も弟子《でし》たちを連れてきたので、ぶどう酒が足りなくなった。

ぶどう酒は、祝福の象徴《しょうちょう》です。母マリヤは気を遣《つか》って、「ぶどう酒はもうなくなったから、帰りなさいよ」と言わんばかりの気持ちでした。また、イエスに何とかしてほしかったのでしょう。ところがイエスは、

「婦人よ、あなたは、わたしと、なんの係《かか》わりがありますか。わたしの時は、まだきていません」(二章四節)と言って、親子喧嘩《げんか》が始まったように見えます。

この「γυναι《ギュナイ》　婦人よ」というギリシア語は、成人した婦人に対して広く用いられた言葉で、決してぞんざいな言葉ではありません。ローマ皇帝《こうてい》アウグストゥスがエジプトの女王クレオパトラに対して用いたほどの丁寧《ていねい》な表現ですから、ここでは敬意《けいい》を込《こ》めて呼《よ》びかけているのでしょう。

「あなたは、わたしと、なんの係わりがありますか」という言葉は、原文では「τι εμοι《ティ エモイ》 και σοι《カイ ソイ》　あなたと、わたしには、何かあるのか(関係がない)」となっています。これはヘブライ語で、「מה לי ולך《マー リーヴェラフ》」と言ったのをギリシア語に訳《やく》したものと思われ、「大したことではないじゃないですか。ほうっておきなさい」という意味にも取れます。

さらに「わたしの時は、まだきていません」とありますが、その「時」とは何なのか、よくわかりません。一般的《いっぱんてき》には、「わたしはまだエルサレムへ行って旗揚《はたあ》げをしていない。それまでは、わたしが公《おおやけ》に活動する時ではない」という意味だと解釈《かいしゃく》しております。

しかし、私はこの箇所《かしょ》を素直《すなお》に読んでみると、そんな解釈はいささか神学的すぎて、こじつけの感じがします。前の節のことも考えると、むしろここは、「まだわたしの退席する時ではない。ぶどう酒がなくなっても、それは大したことではないではありませんか。なければないでも、結婚式《けっこんしき》は祝福の場だ。ぶどう酒がなくなったからといって途中《とちゅう》で退席したら、新郎新婦を辱《はずかし》めることになるではないですか。お母さん、そっとしておいたほうがいいと思うよ」という意味に取ったほうが、より自然ではないかと思います。

神と共にある喜び

孝心深いはずのイエスが、喧嘩《けんか》ではないにしろ、なぜ母マリヤに対してこのように口答えされたのか。ここには、昔からの風習や考え方にとらわれている母親に対して、「ぶどう酒なんか、なくてもいいではないか」と考えるイエスとの間に、精神的なギャップがあったことがわかります。

この親子の間柄《あいだがら》について、聖書はほとんど語っていないので知ることはできませんが、わずかな例として、ルカ伝二章に、イエスが十二歳《さい》になってエルサレムへ都詣《みやこもう》でに行った時のことが記されています。

都詣での帰途《きと》、イエスが道連れの中からはぐれてしまったと思った両親が、エルサレムまで戻《もど》ってみると、イエスは宮の中にいて、宗教家たちの真ん中で話を聞いたり質問したりしておりました。人々は皆《みな》、イエスの賢《かしこ》さやその答えに驚嘆《きょうたん》しました。

それを見て母マリヤが、

「どうしてこんな事をしてくれたのです。ごらんなさい、おとう様もわたしも心配して、あなたを捜《さが》していたのです」(ルカ伝二章四八節)と言うと、イエスは、

「どうしてお捜しになったのですか。わたしが自分の父の家にいるはずのことを、ご存《ぞん》じなかったのですか」と答えています。ご自分は常に、「父の家にいる、神と共にいる」という自覚をもっておられた。これが最高の信仰です。

ところが、このイエスの言葉を、両親は「悟《さと》ることができなかった」（ルカ伝二章五〇節）とあります。ここに、親子の信仰に断絶がありました。母親のほうが、霊的に、精神的に次元が低かったのです。母マリヤの、

「あなたは、いつまでエルサレムにいるのか」という質問に対して、禅問答《ぜんもんどう》のように、「わたしは父の家にいる」と答えられたイエス。イエスは宗教心がとてもありましたから、エルサレムに行ったら、もう好奇心《こうきしん》の塊《かたまり》のようになっていた。

子供《こども》が遊びに夢中になるように、イエスは宗教に夢中でした。ですから、家に帰ることよりも、天の父なる神についての話を聴《き》き、神と共にあれば、もう何もいらないほどでした。こういうところを読むと、イエスの宗教の性格がわかります。

イエス・キリストの福音は、父なる神と共に生きることでした。

ここに、キリストと今のクリスチャンとの信仰のギャップがあります。彼らは、神ご自身に信ずるよりも、神についての何かを信じようとします。神についての教理、儀式《ぎしき》、十字架《じゅうじか》、キリストの復活の奇跡《きせき》など、キリストの何かを信じようとする。ここに誤《あやま》りがある。また私たちの信仰と、教会の信仰との断絶があります。

私たちに必要なことは、父なる神の家にある心境です。父の懐《ふところ》に抱《いだ》かれて生きていたら、何も無くても十分なんです。

物質が欠乏《けつぼう》するとも

このように見てくると、何が本当の信仰か、ということがおわかりになると思います。ぶどう酒が無いの、何が無いのと言いだしたら、もう無《な》い無《な》い尽《づ》くしになります。物質を求め、外側に幸福を求める者は、もし物質が欠如《けつじょ》するならば、ほんとうに欠乏に悩《なや》みます。

だが、神様が「無しで済《す》まそう」と言われるならば、無しで済ませたほうがよい。無しで済ませても、十分幸福なことがあります。無くてならぬものは、ただ一つ、神です。神様が、私たち愛する者に善《よ》きことをなさるなさり方は、それぞれ違《ちが》います。何も無い中でも、ほんとうに生きられる。そんな驚《おどろ》くべきことをなさる神を知っている者として、神様がぶどう酒にも乏《とぼ》しい結婚式《けっこんしき》をなそうとされているのなら、それでいいじゃないか、というのがイエス・キリストのお気持ちでした。

現代は多くの人が無駄《むだ》に金を使って、一流ホテルで結婚式《けっこんしき》を挙げたりします。家柄《いえがら》や体面というようなものもあって、それはしかたがないのかもしれない。だが、私たちの幕屋《まくや》においては、新郎新婦が愛に殉《じゅん》じて、ゼロから喜んで出発いたします。幸福は決して外側にありません。幸せは内にあり、心にあるんです。私が結婚式を執《と》り行《おこ》なう時は、質素な式であっても、神様が共にあることを祈り、心いっぱい励《はげ》まして新出発せしめます。

心に天国をもつ者

ぶどう酒は幸福の象徴《しょうちょう》ですから、祝い酒がなくなることは不幸かもしれない。母マリヤは物質の欠乏《けつぼう》を嘆《なげ》き、それを苦にして生きている。しかし、何も持たずに祝うことも可能です。キリストは山上の垂訓《すいくん》で、「幸いなるかな、心の貧しい者。天国はその人のものである」(マタイ伝五章三節)と言われ、物質的には外側のものをすべて剝《は》ぎ取《と》られてしまっても、心に天国をもつ者の幸福を説かれました。

先ほど大塚《おおつか》真司君が話されました。彼はほとんど目が見えないのに、それを何ら苦としてはいない。「私は目が見えない。しかし、私はほんとうに幸福です」と言う時に、彼は内側に神の国をもっていますね。

ですからキリストは、母マリヤに対して、

「お母さん、最も大事なことは、父なる神の家にあって生きること、結婚式《けっこんしき》が神の祝福の中に祝されることじゃないですか。わたしが十二歳《さい》の時から言いつづけてきたことが、まだおわかりにならないのですか。わたしは伝道の生涯《しょうがい》に入るのだから、もうこんなことで煩《わずら》わせないでほしい。わたしとあなたとは関係ない」と言おうとされるわけです。

神の臨在感《りんざいかん》が第二の本能となるまでに

イエスと母マリヤは、このようにお互《たが》いに話が通じませんが、どうしてこのような違《ちが》いが起こるのか。

人間は、幼《おさな》い時に心に受けた印象なり記憶《きおく》というものは、極《きわ》めて強烈《きょうれつ》に脳《のう》に刻《きざ》まれます。だが、時が経過するにつれて、外界の刺激《しげき》や印象が身につかなくなります。ここにその問題があります。ひるがえって幼な子《おさご》のようにならなければ、天国に入れません。たとえば、コンラート・ローレンツ*という動物学者が、次のような実験をしています。ある日、孵卵器《ふらんき》の中で生まれたばかりの一羽のハイイロガンのヒナが、大きな黒い目でローレンツ博士をじっと見つめた。その時、博士が動いてヒナの声に反応すると、このハイイロガンの子は博士を自分の親だと認《みと》め、どこにでもついて来るようになった。他《ほか》のヒナたちと一緒《いっしょ》にしても、このヒナは博士を慕《した》い求めてくる。これは一体どういうことか。ローレンツ博士は、これに「刷《す》り込《こ》み」という言葉を使っていますが、幼ければ幼いほど、頭脳《ずのう》に受けた印象は強烈《きょうれつ》だということです。人間でも、小さい時に育った環境《かんきょう》は、その人を強く支配する。しかし、でき上がってしまったら、なかなか変わりません。

それで、イエス・キリストがどうして不思議な生涯《しょうがい》を送られたかというと、イエスは子供《こども》の頃《ころ》から「自分は父なる神の家にいるのだ」という意識をもっておられたということです。本能的に親たちとは違《ちが》う神観をもち、魂の奥底《おくそこ》まで天の世界を刻《きざ》んで生きておられた。こういうところが、大きな違いになってゆきます。そのように、私たちも、神の臨在《りんざい》感《かん》が第二の本能となるまでに子供を育てたい。

それで私は考えるんですね。今後何が起こるかわからないような恐《おそ》ろしい文明に処《しょ》して、どうしたら神の人たちを育ててゆけるか。一度、頭脳《ずのう》が固定化すると、その改造は難《むずか》しい。聖霊に満たされれば別ですけれど、よほどの力が加わらない限り至難《しなん》なことです。

これは、生物学的、心理学的実験の報告ですが、人間は四十歳《さい》を過ぎると固まってしまって、なかなか変わらないといいます。それで私は、若《わか》い伝道者の諸君《しょくん》に関心があるんです。彼らを、若い時に鍛《きた》えておかねば見込《みこ》みがなくなるな、と感じるからです。

しかし、自分は五十、六十歳になったから駄目《だめ》だと思わないでください。個人差もありますからね。私自身は、自分に老化現象が起きても、精神だけはいつまでも若く、なおお新しい進歩と変化を身につけよう、といつも思っているんです。それができるか、できないかの問題です。年を取ってくると、なかなか変化を身につけることができない。自分自身が変わらなくなる。これが恐ろしいです。

喜びの人生に変わる福音

母は僕《しもべ》たちに言った、「このかたが、あなたがたに言いつけることは、なんでもして下さい」。そこには、ユダヤ人のきよめのならわしに従《したが》って、それぞれ四、五斗《と》もはいる石の水がめが、六つ置いてあった。イエスは彼らに「かめに水をいっぱい入れなさい」と言われたので、彼らは口のところまでいっぱいに入れた。そこで彼らに言われた、「さあ(今)、くんで、料理がしらのところに持って行きなさい」。すると、彼らは持って行った。料理がしらは、ぶどう酒になった水をなめてみたが、それがどこからきたのか知らなかったので、(水をくんだ僕《しもべ》たちは知っていた)花婿《はなむこ》を呼《よ》んで言った、「どんな人でも、初めによいぶどう酒を出して、酔《よ》いがまわったころにわるいのを出すものだ。それだのに、あなたはよいぶどう酒を今までとっておかれました」。

（二章五～一〇節）

このカナの婚宴《こんえん》があった頃《ころ》、イエスは三十歳《さい》の働《はたら》き盛《ざか》りでした。

ルカ伝を読んでみると、その少年時代について、「イエスはますます知恵《ちえ》が加わり、背《せ》たけも伸《の》び、そして神と人から愛された」（二章五二節）とあって、イエスは賢《かしこ》く聡明《そうめい》な人であり、体も丈夫《じょうぶ》であったことがわかります。また、多くの人に愛され、神に愛された人だった。

母マリヤは夫のヨセフが亡《な》くなった後、一家の柱となったイエスに何でも相談し、よほど頼《たよ》りにしていたのでしょう。どんな困難《こんなん》をも打開して、不思議に局面の転換《てんかん》をはかってゆくイエスの行動が、いかに素晴《すば》らしかったか。

だから、やかましく息子《むすこ》に言われながらも、母マリヤは僕《しもべ》たちに、

「このかたが、あなたがたに言いつけることは、なんでもして下さい」(ヨハネ伝二章五節)

と言って、息子に対する並々《なみなみ》ならぬ信頼《しんらい》をもっていました。

母の信頼に応《こた》えるように、「ぶどう酒がなくなってもいいじゃないか」と言いながらも、イエスは僕たちに命じて甕《かめ》いっぱいに水を入れさせました。そして、そこから汲《く》ませて料理頭《りょうりがしら》の許《もと》へ持ってゆかせると、水が上等のぶどう酒に変わるという奇跡《きせき》が起きました。

イエス・キリストは、ご自分のためには奇跡を行なわれませんでした。しかし、この新郎新婦のためには、奇跡を起こされた。結婚式《けっこんしき》など、この世の俗事《ぞくじ》は宗教と関係がない、と言う人もあるでしょう。しかしイエスは、貧しく困窮《こんきゅう》している若者《わかもの》たちの前途《ぜんと》を祝し、彼らに心尽《こころづ》くしされた。ここに、キリストの宗教の特色があります。

葬式的《そうしきてき》宗教に対して、イエスの宗教は花婿花嫁《はなむこはなよめ》の宗教でした。人生を喜び、生きることを尊《とうと》び、新しい門出を祝福されたイエス・キリスト。こうして困《こま》っている者を救ってくださるキリストを見ると、現代においても、私たちのイエス・キリストは、昔と変わらないということを感じます。

カナの婚宴《こんえん》の物語は、石灰分《せっかいぶん》を多量に含《ふく》んだパレスチナのまずい水を、芳醇《ほうじゅん》で香《かお》り高い、味わいの良いぶどう酒に変える宗教――苦しみの多い人生を、うましい賛美に満ちた生涯《しょうがい》に変える原始福音、喜ばしいキリストの宗教――の一面を象徴《しょうちょう》するものです。私たちもキリストに信ずるようになって、乏《とぼ》しくとも、なんと幸いな毎日が繰《く》り広《ひろ》げられていることでしょう。

不思議なしるしが伴《ともな》う信仰生活

イエスは、この最初のしるしをガリラヤのカナで行い、その栄光を現された。そして弟子《でし》たちはイエスを信じた。

（二章一一節）

この出来事は、イエス・キリストの「最初のしるし」であった、と記されています。「奇跡《きせき》」「力ある業《わざ》」「不思議」などの語の代わりに、ヨハネ伝では「σημειον《セーメイオン》　しるし」という語を好んで用いています。

すなわち、神は霊であって、眼《め》に見えません。しかし、見えない神が、しるけくご自身の存在《そんざい》を示したもうときに、これを「しるし」と呼《よ》んだのです。

信仰生活には、不思議なしるしが伴《ともな》うものです。

竜《りゅう》が雲を呼び、虎《とら》が風を呼ぶように、信仰は不思議な神の力を引き出して、実生活に役立てることです。水がぶどう酒に変わる――こういうことを今の人々は信じないかもしれません。信じないなら信じないで結構です。私は信じて、しばしばその恩恵《おんけい》に浴している人間です。

外側のものに、「何が無い、かにが無い」と言っている人には奇跡は起きません。

こういうところに、イエスの信仰と普通《ふつう》の人の信仰との違《ちが》いがあります。

奇跡的なというか、不思議な信仰生活をしようと思う人は、イエス・キリストのように無我《むが》になりきらねば駄目《だめ》です。私たちも、イエス・キリストの弟子《でし》ですから、キリストのもっておられたような心がけをもてば、小さくともそのご生涯《しょうがい》を繰《く》り返《かえ》すことができます。しかし、信仰が理屈《りくつ》っぽくなった人には、非常に難《むずか》しいです。

神を常住坐臥《じょうじゅうざが》、目の前において生きだしてごらんなさい。いろいろなことが違《ちが》ってきます。考え方が普通《ふつう》と違ってくるし、力が違う。神様がなさることは、ほんとうに大きな祝福です。

日本の古歌に、

祈りてもしるしなきこそしるしなれ祈る心にまことなければ

という歌があります。

私たちなら、「まこと」を「信仰」と置《お》き換《か》えてみればわかると思います。祈る心に信仰がなければ、何も起きません。「奇跡《きせき》は信仰の子だ」とゲーテは言いました。奇跡は、信仰が生む結果なんです。しるしを見て信じるのではなく、真の信仰は霊験《れいげん》を伴《ともな》うものです。

私たちが、生きた神様と共にあるならば、そして神様にほんとうに頼《たよ》って生きておるならば、神様は決して悪いことをなさいません。この世の人たちは、齢《よわい》六十にも七十にもなって、何を「金、金」と言っているのだろうか。そんな外側の物を求めている間は、心は闇《やみ》です。だが、ほんとうにキリストを信じるようになるならば、もう何もいらない。生ける神が共に在《いま》せば、それで十分である、となります。これが信仰生活の極意《ごくい》です。

祈ります。

信仰といえば、何だか物悲しく、人間性を奪《うば》うことのように思われやすい時に、原始福音は違《ちが》います。結婚式《けっこんしき》ほど、明るく嬉《うれ》しい日はありません。そのような喜びに象徴《しょうちょう》される信仰が、原始福音でした。イエスの宗教でした。そうでなかったら、イエス様が奇跡《きせき》を起こしてまで祝福したりはしません。

ここに、世の宗教とキリストの宗教との違いがあります。

どうぞ私たちは、非人間的なことが宗教であると思っている人たちに、「私たちと何の関係がありますか」と言って生きる必要があると思います。

（一九七二年十二月二十四日）

＊コンラート・ローレンツ…一九〇三〜一九八九年。オーストリアの動物学者。鳥類や魚類などの行動の観察から、動物行動学を確立。本文中に出てくるハイイロガンの実験では、母鳥の許《もと》で孵化《ふか》したヒナは母鳥を、孵卵器で孵化したヒナは最初に目にした動くものを親として認識《にんしき》し、一生それに追従《ついじゅう》することが確認されている。この「imprinting《インプリンティング》　刷《す》り込《こ》み」は、生後間もなく、ある限定された時期にのみ成立する。ローレンツは、一九七三年にノーベル生理学・医学賞を受賞。

〔第一〇講　聖句　ヨハネ伝二章一三〜二二節〕

13さて、ユダヤ人の過越《すぎこし》の祭りが近づいたので、イエスはエルサレムに上られた。
14そして牛、羊、はとを売る者や両替《りょうがえ》する者などが宮の庭にすわり込《こ》んでいる
のをごらんになって、15なわでむちを造り、羊も牛もみな宮から追いだし、両替人
の金を散らし、その台をひっくりかえし、16はとを売る人々には「これらのものを
持って、ここから出て行け。わたしの父の家を商売の家とするな」と言われた。
17弟子《でし》たちは、「あなたの家を思う熱心が、わたしを食いつくすであろう」と書い
てあることを思い出した。
18そこで、ユダヤ人はイエスに言った、「こんなことをするからには、どんなし
るしをわたしたちに見せてくれますか」。19イエスは彼らに答えて言われた、「この
神殿《しんでん》をこわしたら、わたしは三日のうちに、それを起すであろう」。20そこで、ユ
ダヤ人たちは言った、「この神殿を建てるのには、四十六年もかかっています。そ
れだのに、あなたは三日のうちに、それを建てるのですか」。

21イエスは自分のからだである神殿《しんでん》のことを言われたのである。
22それで、イエスが死人の中からよみがえったとき、弟子《でし》たちはイエスがこう言
われたことを思い出して、聖書とイエスのこの言葉とを信じた。

第一〇講

イエスの宮潔《みやきよ》め

ヨハネ伝二章一三～二二節

カナの婚宴《こんえん》で、水がぶどう酒に変わるという最初のしるしを顕《あらわ》されたイエス・キリストは、その後、ガリラヤ湖畔《こはん》の町カペナウムで幾日《いくにち》か過ごし、そこから聖書宗教の中心地であるエルサレムの都へ上ってゆかれました。エルサレムでは、神殿《しんでん》の「宮潔め」をなさっています。キリストは、それによってご自身の伝道の目標を示し、何が宗教改革《かいかく》の眼目であるかを知らしめられました。

さて、ユダヤ人の過越《すぎこし》の祭りが近づいたので、イエスはエルサレムに上られた。
（二章一三節）

イエスは、十二歳《さい》の時にエルサレムへ上られてから、その後もずっと毎年、エルサレムに宮詣《みやもう》でをしておられました。ルカ伝二章四一節には、

「イエスの両親は、過越《すぎこし》の祭りには毎年エルサレムへ上っていた」とあります。

過越の祭りは、ユダヤ教の祭りの中では大祭です。イスラエルの民《たみ》がその昔、奴隷《どれい》となっていたエジプトから解放された、という民族の救いを記憶《きおく》するための祭りだからです。

この祭りには、ユダヤ全土から、また世界の各地から、何万、何十万の人々が都詣でにやって来るので、大変な混雑になります。

当時のエルサレム神殿《しんでん》は素晴《すば》らしい大建築で、見た者は誰《だれ》しも感嘆《かんたん》の声を上げました。

けれどもイエスは、この大神殿のようすを見て、なぜか怒《いか》りを覚えられました。

商売の家となった神殿

そして牛、羊、はとを売る者や両替《りょうがえ》する者などが宮の庭にすわり込《こ》んでいるのをごらんになって、なわでむちを造り、羊も牛もみな宮から追いだし、両替人の金を散らし、その台をひっくりかえし、はとを売る人々には「これらのものを持って、ここ

から出て行け。わたしの父の家を商売の家とするな」と言われた。(二章一四～一六節)

過越《すぎこし》の祭りは一週間続きますが、その間、エルサレムの神殿境内《しんでんけいだい》には、やって来る多くの人々を目当てに、宗教商売が大繁盛《だいはんじょう》します。イエスはそれら商売をしている人々を見られた時に、もう我を忘《わす》れて乱暴狼藉《らんぼうろうぜき》を働かれた、とここに書かれています。

牛や羊、鳩《はと》が売られていたのは、神殿で神に献《ささ》げる犠牲《ぎせい》のためです。金持ちの人は牛や羊を献げ、貧しい人は小さくて安い鳩を献げました。また、「両替人が座《すわ》り込《こ》んでいた」とあります。当時のユダヤはローマ帝国《ていこく》の支配下にあり、ローマの通貨が流通しておりました。しかし、それで神殿への税金を納めるわけにはゆかないので、ユダヤの貨幣《かへい》に両替することが必要だったわけです。祭りの時は、皆《みな》がユダヤ貨幣を欲《ほ》しがるので、両替屋は大忙《おおいそが》しです。

敬虔《けいけん》な思いをもって人々がエルサレムに着いてみると、おびただしい群衆《ぐんしゅう》が集まって、押《お》し合《あ》いへし合いしている。神に献げる燔祭《はんさい》のために、とはいいながら、牛や羊がいて美しい石畳《いしだたみ》の上には動物の糞《ふん》が落ちている。およそ宗教的な敬虔の念が湧《わ》く状況《じょうきょう》ではありません。神を真《まこと》に礼拝《れいはい》しようと思って来た人には耐《た》えられない光景です。

それらを見られたイエスは、両替《りょうがえ》の台をひっくり返しておしまいになった。さらに縄《なわ》でむちを造って、牛や羊を追い出し、鳩《はと》を売る者には、

「これらのものを持って、ここから出て行け！」と言われた。革《かわ》のむちや金属のむちではありませんから、けがをしたりはしません。

そのなさり方をよく見てみると、確かに人に対して肉体的な危害《きがい》を加えるためではなかったことがわかります。また、鳩を売る人には、「場所を移せ」と言って、鳩には乱暴《らんぼう》されなかった。こういうところを見ると、冷静に乱暴されたことがわかります。これは一時の感情的な振《ふ》る舞《ま》いではなかった。

ただ、人々に危害を加えることはなかったにしても、台をひっくり返したり、動物を追い散らしたりされたのは事実です。それに対して、宮を監督《かんとく》していた祭司たちが黙《だま》って見ていたのは、どうしてでしょう。それは、そのような神殿《しんでん》の状態が良くないことは、彼らもわかっていたからです。

エルサレムの神殿には、ユダヤ人が礼拝するために定められた場所がありました。

イスラエル博物館にあるエルサレム神殿の模型
（中央の神殿周囲の広い庭の部分が「異邦人の庭」）

その外側に、「異《い》邦人《ほうじん》の庭」といって、異《こと》なる民族の人々が礼拝《れいはい》する場所がありました。

そこで献《ささ》げ物《もの》を売っていたのですが、商売熱心のあまり、なるべく参拝のお客さんに便利なようにと、聖所にすぐ近い所にまで牛や羊を連れてきていたのでしょう。彼らを監督《かんとく》すべき祭司たちの信仰も、いいかげんだったからです。

熱誠《ねっせい》、我を食《く》い尽《つ》くす

イエス・キリストは、「父の家を商売の家とするな、なぜ汚《けが》すのか」と言って、憤《いきどお》られた。

イエスが十二歳《さい》でエルサレムに上られた時、両親が帰ってもなお神殿《しんでん》に残っておられた、とルカ伝にあります。捜《さが》しに来た両親にとがめられると、

「わたしが自分の父の家にいるはずのことを、ご存《ぞん》じなかったのですか」（ルカ伝二章四九

節）と答えられた。このようにイエスは、神の宮を「父の家」と思われていたことがわかります。しかし、毎年毎年エルサレムに上りながら、神の宮が堕落《だらく》しているのを見ていられなくなったのでしょう。それで、たまらずに乱暴《らんぼう》されたのでした。

弟子《でし》たちは、「あなたの家を思う熱心が、わたしを食いつくすであろう」と書いてあることを思い出した。（二章一七節）

イエスの行為《こうい》を見ていた弟子たちは、「あなたの家を思う熱心がわたしを食いつくす」（詩篇《しへん》六九篇九節）という旧約聖書の言葉を思い出した、とあります。己《おのれ》の身の安危《あんき》はどうでもよい。自分で自分を食《く》い尽《つ》くすまでに、我を忘《わす》れて熱中してしまわれるキリスト。ユダヤの宗教を愛すればこそ、正義感に我を忘れて魂を燃え上がらせる行動の人イエス。

こういうところを見ると、イエス・キリストは紳士《しんし》的《てき》で優《やさ》しいジェントルマンだ、と思ったら大きな誤解《ごかい》ですね。時と場合によっては喧嘩《けんか》も辞さない、男らしい人物であったことがわかります。

それで、イエスの宮潔《みやきよ》めを誰《だれ》も止めなかったもう一つの理由は、イエスがウアーッと言って義憤《ぎふん》しているような時には、誰も手をつけられなかったのでしょう。イエス・キリストは、官憲《かんけん》や宗教階級が度肝《どぎも》を抜《ぬ》かれてひるむほどに、男性的な野人でした。また、預言者的精神をもって、宗教的腐敗《ふはい》を徹底的《てっていてき》に改革《かいかく》しなければならない、と戦った人でした。今のクリスチャンは、このようなイエスを信じないでしょう。

だが私は、大勢の商売人や祭司たちを相手に、身に寸鉄《すんてつ》も帯びず、ただ一人、敵の本拠《ほんきょ》地《ち》で破邪顕正《はじゃけんしょう》、阿修羅《あしゅら》のように振《ふ》る舞《ま》われたイエスのお姿《すがた》を読むと、私もかくありたいという思いをそそられます。

神殿《しんでん》を壊《こわ》せ！

そこで、ユダヤ人はイエスに言った、「こんなことをするからには、どんなしるしをわたしたちに見せてくれますか」。イエスは彼らに答えて言われた、「この神殿をこわしたら、わたしは三日のうちに、それを起すであろう」。そこで、ユダヤ人たちは言った、「この神殿《しんでん》を建てるのには、四十六年もかかっています。それだのに、あなたは三日のうちに、それを建てるのですか」。イエスは自分のからだである神殿のことを言われたのである。それで、イエスが死人の中からよみがえったとき、弟子《でし》たちはイエスがこう言われたことを思い出して、聖書とイエスのこの言葉とを信じた。

（二章一八〜二二節）

ユダヤ人たちは、イエスの行ないに対して「悪い」とは言いません。
なるほど、主の宗教が堕落《だらく》しているのだから、宮潔《みやきよ》め、宗教改革《かいかく》ということは大事だろう。しかしそれならば、それをするだけの権威《けんい》を示せ。どこから許可を得てこんなことをするのか、というわけです。するとイエスは、そのことについてはお答えにならず、もっと根本的な問題を示されます。
「この神殿をこわしたら、わたしは三日のうちに、それを起すであろう」（二章一九節）と言われた。イエス・キリストは、いつも問いに対して答えが答えになっていない、もっと大きい答えをする人でした。

ここの原文のギリシア語は、「この神殿《しんでん》を壊《こわ》したら」ではありません、「この神殿を壊せ」と命令形になっています。この神殿を壊してしまえ！　宮潔《みやきよ》めぐらいはまだいいほうで、こんな腐敗《ふはい》し尽《つ》くした神の宮なんか壊してしまえ、というのがイエス・キリストの言い分なんです。この「λύω《リュオー》　壊す」という語は、「壊す」というより「解体する」という意味です。あなたがた祭司が、神聖であるべき場所を尊《とうと》ばず、商売で汚《けが》すようなことを許しているなら、いっそのこと神殿を解体して壊してしまったらいい。そうして市場にでもしてしまったらいいではないか、というわけです。

人の身体《からだ》こそ神の宮

もう一つの意味は、人の手で造ったこんな建物なんかには神様は住みたまわない。だから、神もおられないような神殿や、儀式《ぎしき》だけの宗教は壊してしまったらいい。わたしは全然違《ちが》う宗教を起こす、ということをおっしゃろうとされている。

この三年後に、イエス・キリストは十字架《じゅうじか》上で最後に雄叫《おたけ》びの声を上げて、その霊を神に渡《わた》されます。その時、神殿の奥《おく》の至聖所《しせいじょ》の幕《まく》が、上から下まで真っ二つに裂《さ》けた（マルコ伝一五章三七、三八節）とあります。

至聖所《しせいじょ》は、神の箱が置かれ、年に一度だけ贖罪《しょくざい》のための犠牲《ぎせい》の血を携《たずさ》えた大祭司しか入れない、最も聖なる所です。その前の幕《まく》が切って落ちたということは、誰《だれ》でも、私たち俗人《ぞくじん》でも、至聖所に入れるようになったということを示します。これこそ、神殿《しんでん》の解体が始まったということを表します。

「神殿を壊《こわ》せ！　わたしは三日のうちにそれを起す……イエスはご自分のからだである神殿のことを言われたのである」（ヨハネ伝二章一九、二一節）

この「εγειρω《エゲイロー》　起こす」というギリシア語は、「復活する、蘇《よみがえ》る」という意味もある語ですが、イエス・キリストにとっての宮は、この地上にある建物ではなくして、ご自身の身体《からだ》でありました。その中にある心の宮でありました。そのお言葉のとおり、キリストは十字架《じゅうじか》上に死んで、三日の後に復活なさいました。

神を外に拝《はい》し、教会堂で拝《おが》んだり、お宮に詣《もう》でて拝んだりすることが、本当の神礼拝ではない。神は、私たちの心を宮として、至聖所として住みたもうのであって、私たちの内《ない》奥《おう》に拝せられるべきであります。

こうしてイエス・キリストは、伝道の最初から、父なる神の家が人の心の中に清く築かれるようにと、一切《いっさい》を捨《す》て、ご自身の命も捨ててかかられたのでした。

イエスのメシア意識

旧約聖書のダニエル書*に次のような預言の言葉があります。

「それゆえ、エルサレムを建て直せという命令が出てから、メシヤなるひとりの君が来るまで、七週と六十二週あることを知り、かつ悟《さと》りなさい。その間に、しかも不安な時代に、エルサレムは広場と街路とをもって、建て直されるでしょう。その六十二週の後にメシヤは断《た》たれるでしょう。ただし自分のためにではありません。またきたるべき君の民《たみ》は、町と聖所とを滅《ほろ》ぼすでしょう」。（九章二五、二六節）

ここには、エルサレムの宮が破壊《はかい》される時には、まずメシア（キリスト）が殺される、ということが預言されています。その預言のとおりに、イエスが十字架《じゅうじか》にかけられてから数十年後、ローマ帝国《ていこく》の軍勢がエルサレムを攻撃《こうげき》し、神殿《しんでん》をさんざんに破壊してしまいました（紀元七〇年）。

それで、何かのしるしを示せというならば、ご自身の身体《からだ》であるこの宮を毀《こぼ》てというわけです。それによってご自分がメシアであることを示すであろう、というんです。

エルサレムの神殿《しんでん》は、紀元前六世紀にバビロニアによって破壊《はかい》され、後に再建されました。それを、紀元前二〇年頃《ごろ》からヘロデ王によって大規模《だいきぼ》な修繕《しゅうぜん》と拡張《かくちょう》が始められ、すでに四十六年も改築が続けられていました。

だが、イエス・キリストは、そんな神殿宗教のための宮は粉々に砕《くだ》けてもよい。宮よりも大いなるもの、ここにあり！　というメシアとしての自覚をもっておられた。ここに、キリストの宗教の主張があります。

無教会主義の創始者《そうししゃ》・キリスト

他の福音書《ふくいんしょ》も併《あわ》せて読むと、イエス・キリストは、このような宮潔《みやきよ》めを生涯《しょうがい》に二度もされていることがわかります。まずその伝道の初め、公《おおやけ》の生涯に入られた時、過越《すぎこし》の祭りにエルサレムに上り、宮潔めをされました。そしてまた、エルサレムで死なれる前にも宮《みや》潔《きよ》めをされて、祭司などの宗教的勢力の反感を買って十字架《じゅうじか》にかけられたのでした。

「人間の身体《からだ》こそは、神の住みたもう神の宮である」。

このキリストの言葉がわからず、目の前の建築物しか神の宮と思えなかったのが、当時のユダヤの宗教家たちでした。現代もこれに変わりはありません。無理に資金を募《つの》ってまで会堂建築に忙《いそが》しいのがキリスト教会です。外側の建物や制度、教理、礼拝《れいはい》様式をいじり回して、この肝心《かんじん》な点を勘違《かんちが》いするなら、とんでもない宗教です。

イエスの宮潔め（レンブラント画）

イエス・キリストの生涯《しょうがい》の目標は、始めから終わりまで、このような宗教改革《かいかく》にありました。

しかも、「こんな目に見える神殿《しんでん》なんか壊《こわ》してしまえ！」と言われるイエスは、実に無教会的精神が旺盛《おうせい》であったことが見て取れます。

内村鑑三《かんぞう》*先生に始まる無教会主義*は、日本だけの少数の者たちの主義だと思ったら大間違《おおまちが》いです。イエス・キリストこそ、無教会主義の創始者《そうししゃ》です。だから私は、無教会主義者であるということを誇《ほこ》っているんです。

教会に行く人を止めはしません。しかし、形だけの儀式《ぎしき》や教理の説教がなされる所に行ったって救われるだろうか、と思います。

神と取引をする心

キリストは、エルサレムの神殿《しんでん》で牛、羊、鳩《はと》などの犠牲《ぎせい》の動物が売買されるのを見られて宮潔《みやきよ》めをされたが、「宗教にそのような供《そな》え物《もの》などいるものか」と言わんばかりの行ないでした。旧約聖書の詩篇《しへん》には、

「あなたはいけにえを好まれません。たといわたしが燔祭《はんさい》をささげても、あなたは喜ばれないでしょう。神の受けられるいけにえは砕《くだ》けた魂です」(五一篇一六、一七節)とあります。

神様に何か供え物をしたら、神様が自分を愛《め》でて祝福してくださるのではないかという心。私たちに大事なのは、そういうことではありません。

神は、ただ恩寵《おんちょう》によって、一方的なご意思によって恵《めぐ》もうとされるのであって、人間が

何かを神様に持ってきたからといって、買収《ばいしゅう》されるような存在《そんざい》ではありたまわない。儀式《ぎしき》によらず、供《そな》え物《もの》によらず、私たちはただ信仰によって神にまみえるのであります。

私たちはそういうことを知っております。だが、信仰熱心に見える人ほど、「私は最近、この世のことに熱心で、神様にご奉仕《ほうし》できません。早く今の仕事を辞《や》めて神様にお仕えしたい」などと言って、そうしたら神に嘉《よみ》せられるかのように言う。または、「私は孤児院《こじいん》を経営したり、困《こま》っている人のために、いろいろと慈善《じぜん》事業をやったりしよう。そうすれば、神様はそれを喜んでくださるでしょう」と言われる人もあります。

もちろん、これらは文字どおりの商売ではありませんが、そのような功利的に取引する心、何かと引《ひ》き換《か》えに神様から与《あた》えてもらおうという下心があったら、それは商売と同じです。そんな考えは、イエス・キリストのお心からは、はなはだ遠いものです。神様に何かを差し上げたら、神様は恵《めぐ》んでくださるだろうというのは、大きな間違《まちが》いです。

内なる宮を清めよ

神を礼拝《れいはい》するということには、何もいらない。そのような、外側のことにはよらないのである。

たとえば、ひどい病気でベッドに伏《ふ》せっている人が、何かを献《ささ》げようと思っても献げられません。自分には何も献げるものはない。だが、「神の喜びたもう供《そな》え物《もの》は、悔《く》いし砕《くだ》けし魂である」とダビデも言いました。何もなくなってこそ、生きてくるのが信仰です。

私たちは、自分が空っぽになっていれば、心は軽《かろ》やかに天に飛び立ってゆきます。

神の家に行くには何もいらない。人間くさい、この世的なものがすっかりなくなった時に、私たちは神の世界に入ってゆくことができる。また、私たちの魂が虚《むな》しくなり、孤独《こどく》になり、ただ独り神の前に立つ時に、神は私たちの中に入ってこられます。自分で何か良いことをしたら、それと引《ひ》き換《か》えに神様が恵《めぐ》んでくださるというのは間違《まちが》いです。

中国の老子*の言葉に、「無為《むい》にして為《な》さざるはなし」というものがあります。これは、人間がすっかり無になりきってしまうときに、何事もなしえないことはない、ということでしょう。すなわち、私たちが無になったら、その真空になった心に、宇宙的《うちゅうてき》な大きな力が臨《のぞ》むからです。

今日、私たちに大事なことは、自分の心の中からいろいろな雑念を払《はら》い、清めることです。私たちが心を空虚《くうきょ》にして、神の御霊《みたま》だけに占領《せんりょう》されたら、神は私たちを用いて不思議をなしたもう。ここに奇跡《きせき》の原因があります。

それをせずに、今までどおりの状況《じょうきょう》で、雑念に占領された心で、「なんで何も起きないのだろう」と言っても、それは無理というものです。

キリストは、

「子は父のなさることを見てする以外に、自分からは何事もすることができない」（ヨハネ伝五章一九節）と言われました。神がいてくださらなければ、自分は全く無力である。だが、神の霊が臨《のぞ》んだら何でもできる、と言われた。

純一無雑《じゅんいつむざつ》な心で

それで、礼拝《れいはい》する態度として、何かを自分が神様の前に持ち込《もこ》んで神に嘉《よみ》せられよう、ということであってはなりません。それは行為《こうい》によって義とせられることであって、「律法《りっぽう》の行ないではなく、信仰によって義とされる」と叫《さけ》んだ使徒パウロや、その精神を受《う》け嗣《つ》いで宗教改革《かいかく》をなした＊マルティン・ルターなどが最も嫌《きら》っている点です。

これは、何か良いことをするな、ということではありません。

まず、第一のものを第一にせよ。

いちばん大事なことは、私たちが外なる宮ではなく、内なる宮をすっかり清めて、純《じゅん》一無雑《いつむざつ》になるということです。それなくして、キリストの御霊《みたま》を、神の霊を心の内奥《ないおう》なる至聖所《しせいじょ》に迎《むか》えることはできません。

使徒パウロも主張しております、

「あなたがたは神の宮であって、神の御霊が自分のうちに宿っていることを知らないのか。……神の宮は聖なるものであり、そして、あなたがたはその宮なのだからである」(コリント前書三章一六、一七節)と。また、

「自分のからだは、神から受けて自分の内に宿っている聖霊の宮であって、あなたがたは、もはや自分自身のものではないのである」(コリント前書六章一九節)と言っております。

このように、自分の身体《からだ》、心でありながら、もう自分のものではないというほどに、すっかり神に献《ささ》げきった気持ちが大事です。それなくして、何か供《そな》え物《もの》を献げたら神様が喜んでくださり、私たちを救いたもうと思うなら、とんでもない間違《まちが》いです。

そのような状況《じょうきょう》がずっと続くならば、宗教はいよいよ力を失ってしまうと思います。宗教は「世の光」であるべきですのに、そうでないのは、根本的に間違《まちが》ってしまっているからです。ここで神様が、私たちを通して、ご自分の宗教をもう一度回復したもうようにと祈らざるをえません。

神ご自身さえ私たちの内に宿ってくださるならば、何もいらない。このような信仰が起こることが、始めから終わりまで一貫《いっかん》したキリストの伝道の使命であり方針《ほうしん》であった、ということを悟《さと》るのであります。もういっぺん、自分をすっかり御破《ごは》算《さん》にして、新しく皆《みな》で出発しようではありませんか。

祈ります。

今日、聖書を通して、イエス・キリストに学んだポイントを、どうぞ心に留《と》めてくださ い。私たちは何もなくとも、神様が、神の御霊《みたま》だけが私たちに留《とど》まれば、それで十分だということです。もし私たちが、神様の前に何かを持《も》ち込《こ》んだり、考え込んだりしておりましたら、神を意識することが薄《うす》くなります。

私たちが生まれたばかりの幼《おさ》な子《ご》のような魂をもって、何もなく無にして立つならば、神は十分にその人の中にしみ込《こ》みたもうことができる。

新年に当たって、どうぞ私たちは、ここで古い自分を十字架《じゅうじか》し、神様の大きな宇宙的《うちゅうてき》影響《えいきょう》を受けとうございます。神様、どうか一人ひとりに受け取らせてください。

（一九七三年一月七日）

＊ダニエル書…旧約聖書における代表的黙示《もくし》文学。紀元前二世紀頃《ごろ》に書かれたといわれる。ダニエルの見た幻《まぼろし》は、ユダヤ人の苦難《くなん》、神に背《そむ》く者たちの没落《ぼつらく》、メシア時代の到来《とうらい》、世界審判《しんぱん》、神によって聖徒に与《あた》えられる永遠の国であった。

＊内村鑑三…一八六一～一九三〇年。高崎藩士《はんし》の子。明治・大正期におけるキリスト教界の代表的指導者、伝道者、思想家。札幌農学校二期生。後、アメリカのアマースト大学に学ぶ。『聖書之研究』を創刊《そうかん》。

＊無教会主義…内村鑑三は、西洋の宣教師《せんきょうし》によってもたらされたキリスト教と、聖書が示す信仰との間に、相違《そうい》と疑問《ぎもん》を感じた。そこから、「教会の建物はもちろん、牧師の資格や洗礼《せんれい》な

どの儀礼《ぎれい》も信仰に不可欠なものではない。福音の理解は、聖書そのものの正しい研究によってのみ得られる」として無教会主義を主張。ただし、必ずしも教会を否定《ひてい》したわけではなかった。手島郁郎は、十二歳《さい》からキリスト教会に通うようになったが、やがて現代の教会信仰のあり方に疑問《ぎもん》をもつようになり、無教会主義に立つ信仰者となった。

＊老子…生没《せいぼつ》年不詳《ふしょう》。中国古代の思想家。道家の祖。その著書《ちょしょ》とされる『老子』は、道家の根本経典。あるがままに生きる「無為《むい》・自然」の道を説いた。

＊マルティン・ルター…一四八三～一五四六年。ドイツの宗教改革者《かいかくしゃ》。

第一一講

神の信仰を得る信仰

ヨハネ伝二章二三～二五節

過越《すぎこし》の祭りの間、イエスがエルサレムに滞在《たいざい》しておられたとき、多くの人々は、その行われたしるしを見て、イエスの名を信じた。しかしイエスご自身は、彼らに自分をお任せにならなかった。それは、すべての人を知っておられ、また人についてあかしする者を、必要とされなかったからである。それは、ご自身人の心の中にあることを知っておられたからである。（二章二三～二五節）

イエス・キリストは、宮潔《みやきよ》めをなさってから、なお過越の祭りの間、エルサレムに滞在して、驚《おどろ》きの目をみはる人々の前に次々と奇跡《きせき》を顕《あらわ》されました。

「その行われたしるしを見て」(二章二三節)とありますが、原文を直訳《ちょくやく》しますと「行なわれつつあったしるし(複数)を目撃《もくげき》しつつ」となります。ここで「しるし」というのは、奇《き》跡《せき》のことをいいますが、奇跡はただ一回だけではなく、続々と不思議な出来事があったことがわかります。多くの人々は、その奇跡を眼前にありありと目撃しつつ、イエスが神の人であると信じたのでした。

人間性の洞察《どうさつ》

ところが、ここに奇妙《きみょう》なことが書いてあります。

「人々は……イエスの名を信じた。しかしイエスご自身は、彼らにご自分を任せようとはなさらなかった」(二章二三、二四節　私訳)

ここの原文では、「信じる」も「任せる」も同じ「πιστευω《ピスチューオー》　信じる、信頼《しんらい》する、委《ゆだ》ねる、任せる」という動詞《どうし》を使っております。多くの人はイエスを信じたが、イエスは人々を信じなかった、というのです。ここだけを読んだ人は、「私は信じているのに、イエス様は信じてくださらないのか」という疑問《ぎもん》が湧《わ》くだろうと思います。

しかし、続きを読んでみると、「それは、すべての人を知っておられたから」(二章二四節)とあります。人々を信じなさらない理由は、人間というものを知っておられたからだ、というんですね。

宗教は、人を救うためのものですから、人間は何であるか、人間についての深い理解、洞察《どうさつ》がなければ、ほんとうに人を導くことはできません。キリストは、人の中に何があるか、彼らがどのような信仰であったかを知っておられたということです。私たちも、信仰が進めば進むほど、人間をより深く、大きく、広く知るようになり、真の意味で人間実存《じつぞん》の何たるかが理解できるようになります。宗教は一つの人間学でもあります。

信じるまこと

マタイ伝二一章一四節を見ると、イエスがエルサレムの宮の中で盲人《もうじん》の目を開かしめたり、足萎《あしな》えを立たせたりと、数多くの奇跡《きせき》をなさったことがわかります。だが、そのように「奇跡を見て信じた」という信じ方をする人たちに対して、キリストは彼らの信じるがままにご自分を任せる、ということをなさらなかった。「信じる」と言うからには、信じる側にもそれだけの信じ方というものがあるべきだからです。

今、両国の国技館で大相撲《おおずもう》をやっていますが、相撲は一人だけ勢いよく取ろうとしたって、相手の力士に取る気がなかったら相撲になりません。また、取ろうとして挑《いど》みかかるのに、ヒョイと体をよけられたら、すかされて倒《たお》れてしまいます。

同様に信仰も、神様が私たちを信じてくださるだけの信じ方が人間の側にあってこそ、本当の信仰——信じる真実《まこと》というものが成立するわけです。

明治天皇の御製《ぎょせい》に、

目に見えぬ神の心に通ふこそ人の心のまことなりけれ
目に見えぬ神に向かひて恥《は》ぢざるは人の心のまことなりけり

とありますが、人の信(まこと)が、神の信任を得られるまでに至《いた》らなければなりません。

昔のことですが、ある青年が原始《げんし》福音《ふくいん》の信仰に感激《かんげき》しまして、私に言うんです、「手島先生！　もし先生が十字架《じゅうじか》にかかるような時には、私もかかります。決して遅《おく》れはとりません」と。それで私は彼に言いました。

「うん、そんなことを言う人がいるけれども、ぼくと運命を共にするという段《だん》になったら、しないものだ」

「いや、私だけは違《ちが》います。そこを信じてください」

「信じたいには信じたいけれども、きっと君はぼくを裏切《うらぎ》るよ」

彼は良い青年でしたから、私も可愛《かわい》がって伝道に送り出しました。しかし、何度もしくじるんですね。良いところはあります。しかし、嘘《うそ》をつきますし、異性《いせい》関係で崩《くず》れる。そうすると私を煙《けむ》たがるようになりまして、やがて離《はな》れてゆきました。結局、彼が信じるというのはその程度であって、初めから豪語《ごうご》しないほうがよかったんです。

なぜ彼には信仰がしっかりしてこなかったのか。ここに信じ方の問題があります。

また、いろいろな人が私のところにやって来て言います、

「もし、この子の病気が癒《い》やされたら、どんなに素晴《すば》らしい証《あか》しができるでしょう。きっと身内の者も、そのことを通して神を信ずるに至《いた》るでしょう。どうぞ祈ってください」と。

しかし私は、人間性を知っているので、

「いや、ごめん。私は祈禱師《きとうし》ではありません」とお断りします。

人間は、実に功利的な動物です。医者に見放された重病や精神病などが、たった一度の祈りで治ったから、それを見て回心し、さぞ立派《りっぱ》な信者になるだろうとでも思うならば大《おお》間違《まちが》いです。ほとんどの人がそうなりません。恐《おそ》ろしい病気にかかっている間は神にすがりついても、薄情《はくじょう》なもので、癒《い》やされるとケロリと信仰を忘《わす》れます。そんな人間が多く、それでは頼《たの》むに足りません。やがて自分の都合で去ってゆきます。伝道しながら、実に貴《き》重《ちょう》な人間研究ができました。

「信じる」といいますが、ただ一時の感激《かんげき》で、奇跡《きせき》を見て信じる程度の信仰では役に立たず、長続きしない。そういう信仰の内容を知っておられたから、イエスは彼らにご自分を任せられるまでに至《いた》らなかったのでした。

奇跡の背後《はいご》を見よ

信仰生活において、何か不思議な奇跡が起きたならば、そのしるしが大事なのではありません。そのしるしの背後にあるもの――神の霊に驚《おどろ》き、うち震《ふる》えるようにもこの霊なる神に自らを全託《ぜんたく》するのでなければ、真の信仰にはなりません。

しかし、人生のどん底で神を仰《あお》いで心を開かれ、キリストのしるしの背後《はいご》を見つめた人が現れますと、その人は私にとってかけがえのない友となります。

信仰は奇跡《きせき》を起こすが、必ずしも奇跡が信仰を生むものではない。奇跡に驚《おどろ》くだけで、その原因である神の霊を悟《さと》らない信仰は愚《おろ》かです。奇跡を信仰の目標とする御利益《ごりやく》信仰は、信仰の堕落《だらく》です。

ヨハネ伝六章を読んでみると、荒野《あらの》で五千人に奇跡をもって食を供《きょう》せられた後、イエスは山に身を隠《かく》されました。人々はひしめくようにイエスを追ってきましたが、イエスは、「よくよくあなたがたに言っておく。あなたがたがわたしを尋《たず》ねてきているのは、しるしを見たためではなく、パンを食べて満腹《まんぷく》したからである」(六章二六節)と言われた。ですから、奇跡信者が大勢寄ってきても、彼らを信じなさいませんでした。彼らは、しるしの背後を見ることができなかったからです。

心の内に開かれる信仰

さらに二章の最後に、

「人についてあかしする者を、必要とされなかった」(二章二五節)とあります。

多くの人々は、イエスが行なわれた奇跡《きせき》を見たり、イエスについての評判を聞くことによって彼を信じた、という。しかしイエスご自身は、人間の信じ方がどのようなものか、見当がおつきになったのだと思います。

たとえば、孔子《こうし》、釈迦《しゃか》、ソクラテス、キリストは、世界の四大聖人と呼《よ》ばれていて、「ソクラテスは偉《えら》いんだ、キリストは偉いんだ」などと皆《みな》「信じて」います。だが、ここにソクラテスの本を読んだことのある人が、幾人《いくにん》おられますか? ほら、ほとんど手が挙がらない。

そのように、読んでいないのに「世界の四大聖人の一人」という長い間の評判を信じているんです。しかし、そんな信じ方は、この身で体験して知った信じ方とは違《ちが》うので、役に立ちません。

私たちはお互《たが》い、何度も信仰に躓《つまず》きそうになる。

しかし、そのうちに躓きを超《こ》えて信ずることができてきます。ですから他人の評判によって、あまりに気軽に「やあ、幕屋《まくや》の信仰者は素晴《すば》らしい」と信じる程度では、何か問題があると、すぐ躓《つまず》いてしまいます。

ほんとうに信じているならば、

山はさけ海はあせなむ世なりとも君にふた心わがあらめやも

という古歌のように、どんな時勢の変化や人生の矛盾《むじゅん》をも超《こ》えて、信じて変わらないものでなければなりません。そのような心根の信仰ならば、値打《ねう》ちがありますね。ほんとうに信じている人はみな生き生きとして、奇跡《きせき》が伴《ともな》い、またその人の証《あか》しの言葉には「そうだ！」といって頭を下げしめるものがあります。

ヨハネ伝の信仰的特色は、信仰の対象を外に求めないで、自分の内に、自己《じこ》の一心に、信仰の開眼に置くことを第一としていることです。信仰というよりも信心——証悟《さとり》の心の有無を、まず問題にしています。

信心が成長しなければ、信仰の敬虔《けいけん》さも光を増してきません。表面的にしか信仰しない人々をば、どんなに教えても、真理を自得するに至《いた》るものではない。イエスが表面的な信者を信任されなかった理由が、ここにあります。

イエス・キリストは、人々が徹底的《てっていてき》に内に向かって本来の自己《じこ》を掘《ほ》り下《さ》げ、掘《ほ》り砕《くだ》かれて、霊性の水脈を掘り当てしめる信心を眼目となさいました。

ヨハネ伝は、何か一つの真理を語ると、後に例話をもって説明しています。

それで、今学びましたように、この二章の終わりで「信じるとはどういうことか」について前置きをして、三章の例話「イエスとニコデモの宗教問答」へとつながってゆきます。

（一九七三年一月十四日　①）

〔第一二講　聖句　ヨハネ伝三章一～一二節〕

1パリサイ人のひとりで、その名をニコデモというユダヤ人の指導者があった。

2この人が夜イエスのもとにきて言った、「先生、わたしたちはあなたが神からこられた教師であることを知っています。神がご一緒《いっしょ》でないなら、あなたがなさっておられるようなしるしは、だれにもできはしません」。

3イエスは答えて言われた、「よくよくあなたに言っておく。だれでも新しく生れなければ、神の国を見ることはできない」。

4ニコデモは言った、「人は年をとってから生れることが、どうしてできますか。もう一度、母の胎《たい》にはいって生れることができましょうか」。

5イエスは答えられた、「よくよくあなたに言っておく。だれでも、水と霊とから生れなければ、神の国にはいることはできない。

6肉から生れる者は肉であり、霊から生れる者は霊である。

7あなたがたは新しく生れなければならないと、わたしが言ったからとて、不思議に思うには及《およ》ばない。

8風は思いのままに吹《ふ》く。あな

たはその音を聞くが、それがどこからきて、どこへ行くかは知らない。霊から生れ
る者もみな、それと同じである」。
9ニコデモはイエスに答えて言った、「どうして、そんなことがあり得ましょう
か」。
10イエスは彼に答えて言われた、「あなたはイスラエルの教師でありながら、
これぐらいのことがわからないのか。
11よくよく言っておく。わたしたちは自分の
知っていることを語り、また自分の見たことをあかししているのに、あなたがたは
わたしたちのあかしを受けいれない。
12わたしが地上のことを語っているのに、あ
なたがたが信じないならば、天上のことを語った場合、どうしてそれを信じるだろ
うか」。

第一二講

聖霊によって新たに生まれる

ヨハネ伝三章一〜一二節

私たちクリスチャンの信仰にとって大切なことは、死後において魂が再生することではなく、短い現世において霊的再生の経験に入ることであります。その時、信仰は翼《つばさ》を張って、天空の高きに舞《ま》いかけり、天上の風光を見ることを許してくれます。

真理を求めたニコデモ

パリサイ人のひとりで、その名をニコデモというユダヤ人の指導者があった。この人が夜イエスのもとにきて言った、「先生、わたしたちはあなたが神からこられた教師であることを知っています。神がご一緒《いっしょ》でないなら、あなたがなさっておられるよ

うなしるしは、だれにもできはしません」。（三章一、二節）

ここに「ユダヤ人の指導者」とありますが、これは当時のユダヤ人たちの最高自治機関であるサンヘドリン*の議員のことです。サンヘドリンは、今でいえば宗教省と最高裁判所《さいばんしょ》と国会を兼《か》ねたようなものです。ですからニコデモは、最も優《すぐ》れた、特権《とっけん》階級のユダヤ人であったことがわかります。

二節の「先生」は、原文では「ραββι《ラビ》」とあります。これはヘブライ語を音写したもので、ユダヤ教における「師」に対する尊敬《そんけい》のこもった呼称《こしょう》です。イエスが行なったしるしを見て多くの人が信じたが、その一例として、最も優秀《ゆうしゅう》な人物も「師よ！」とイエスを慕《した》って来たというわけです。

ニコデモが夜に来たのは、人目を避《さ》けたのだと解釈《かいしゃく》する人もありますが、そんなに卑《ひ》怯《きょう》な気持ちではないでしょう。彼は驚《おどろ》きのあまり、静かに教えを聴《き》くのに良い夜にやって来たのだろうと思います。

この後の、イエスとの会話がかみ合っていないので、ニコデモを不信仰者の代名詞《だいめいし》のように言う人がありますが、決してそうではありません。後に「イエスを捕《と》らえよう」という話がユダヤ人の中で起こりました時に、イエスを弁護したり（ヨハネ伝七章五〇、五一節）、イエスが十字架《じゅうじか》にかけられた後、アリマタヤのヨセフと共に手厚く葬《ほうむ》ったりしたのが、このニコデモです（ヨハネ伝一九章三八～四二節）。すぐにキリストの弟子《でし》となるには身分が高すぎましたが、彼はなかなか勇気のある人物だとわかります。

神が共にあるしるし

ここでニコデモは、イエスのことを「神からこられた教師」と言っています。ニコデモは正規の宗教教育を受けた人です。それに対して、イエス・キリストはナザレの大工の子ですから、神学博士といった学位があったわけではありません。この世的には立派《りっぱ》なラビ（教師）、否《いな》、ラビ以上のニコデモが、田舎《いなか》の大工の出であったイエスのところにやって来て、「あなたは神から来られた教師だ」と驚《おどろ》きの色を示した。それは、イエスのなさったしるしを見て、その背後《はいご》に神の存在《そんざい》を知ったからです。

ここでニコデモが「しるし」と言っているのは、イエスが行なわれた数々の奇跡《きせき》を指しています。ヨハネ伝では、この「σημειον《セーメイオン》　しるし」という表現が何度も出てきますが、これは単に奇跡的《きせきてき》な業《わざ》だけを意味するのではなく、背後《はいご》にあるものを表す一つのシグナル（信号、合図）と思えばいいですね。

たとえば、山に赤い旗が立っていますと、「あっ！　あの山ではダイナマイトを使う工事がある」ということがわかり、誰《だれ》でも「危《あぶ》ない！」と思って警戒《けいかい》しますし、危険《きけん》を感じます。同様に、神様は霊ですから目に見えませんが、不思議な出来事が起こると、それによって神様がおられるに違《ちが》いないと思う。そのように思わしめるもの、それを「しるし」といいます。すなわちニコデモは、キリストが行なわれるしるしを見て、「神が、あなたと共におられるに違いない」と言って挨拶《あいさつ》しているんです。

天より新たに生まれる経験

イエスは答えて言われた、「よくよく（アーメン、アーメン）あなたに言っておく。だれでも新しく（上より）生れなければ、神の国を見ることはできない」。ニコデモは言った、「人は年をとってから生れることが、どうしてできますか。もう一度（再び）、

母の胎《たい》にはいって生れることができましょうか」。（三章三、四節）

ニコデモの言葉に対して、イエスは、

「だれでも新しく生れなければ、神の国を見ることはできない」（三章三節）と、答えにならぬ答えをしておられます。

しるしを顕《あらわ》す人には神が共におられる、というだけなら、ユダヤ人の知っている思想です。しかしその思想にとどまらず、自分自身も神の国に入って、つらつら実感するのでなければ、それが一体何になるでしょう。信仰とは、自ら神の国を心の内に体験することにあり、外的な現象に目を奪《うば》われて賛美することではありません。

「ニコデモよ、どうか奇跡《きせき》信者から脱却《だっきゃく》して、自身で神の領域《りょういき》を見る人になれよ！　しかしそうなるためには、何としてでも新しく上より生まれることが必要なのだ」と言って、イエスはニコデモの信心を啓発《けいはつ》し、魂をもっと引き上げようと伝道に苦心されました。

新しく生まれる――ここにキリストの宗教が他の宗教と違《ちが》う特質があるのでして、私たちは霊的に新しく生まれる経験がなければ、神の国は絶対にわからない。これは、修養努力してわかるものではありません。

今日の集会で、先ほど話された後藤昌八郎《しょうはちろう》さんは、長年修養団体に入っておられたが、肉なる人間がどれだけ修養しても、肉のまま変わらなかった。会社でも、定年までクビにならないように、ただ課長の職域《しょくいき》を忠実《ちゅうじつ》に守って過ごしていた。だが、原始福音《げんしふくいん》の信仰を知り、聖霊に触《ふ》れたら、そんな生き方に耐《た》えられなくなり、神の愛だけに信じて独立し、ずぶの素人《しろうと》からメタリコン（金属溶射《ようしゃ》）の事業を起こすまでに生き方が変わられました。

この「新しく生れなければ」の「新しく」は、ギリシア語原文では「ανωθεν《アノーセン》」です。「アノーセン」は、時間的にいえば「新しく」ですが、空間的には「上から」とも訳《やく》せます。また、「再びやり直す」という意味にもなります。そのように、いろいろな意味に取れる含蓄《がんちく》のある語です。

ところがニコデモは、「再びやり直す」という意味にひっかかって、「再び母の胎《たい》に入って生まれることができますか?」と尋《たず》ねました。

だが、ここでキリストが言われるのは、すっかり根本的に人間が生まれ変わるということです。そのためには、自分の内側をすっかり掃除《そうじ》しないと、新しくなれない。カンバスに絵を描《か》くときでも、全く白くなっていなければ新しくは描けないように、ここは、全く白紙になって、ということです。

古い自分に死んで新生する

キリストの宗教は、神の国に入り、神の国を見ようとすることです。そのためにいちばん大事な条件は何か。それは、私たちがすっかり白紙になって、新しく天より生まれることです。霊的に再生するのでなければ、神の国を見ることはできない。今までの古い自分に死ななければ、新しく生まれることはできないんです。

生物学から見ると、生まれるということは、死ぬ(退化する、消滅《しょうめつ》する、という意味ですが)ということと一つです。死ぬことがなければ、生まれるということはありません。たとえば、母胎《ぼたい》の中で胎児が成長する過程で、最初はオタマジャクシのような尻尾《しっぽ》が生えます。しかしこの尻尾が退化するというか、萎縮《いしゅく》すると次の段階《だんかい》に進んでゆきます。つまり、死ななければ次の器官が出てこないのです。次々と退化して死ぬことによって、次から次へと新しい器官が現れてくる。そうして、人間となって生まれ出てきます。

そのようなことを思うと、私は厳粛《げんしゅく》な気持ちがします。人間として生まれるために、生まれるはずだったものが自ら萎縮《いしゅく》し、身を退《ひ》いてくれて新しいものが生まれてくるからです。このことは、私たちの体の組織を見てもわかります。

細胞《さいぼう》は赤血球で四か月、骨細胞《こつさいぼう》は十年くらいですっかり入《い》れ替《か》わっておりますから、生まれながらにずっと保ちつづけているものなどはありません。古い細胞が死んで、新しい細胞が生まれる。そうやって、人間は生きております。それが命あるものの仕組みなんです。それで、イエス・キリストが、

「自分の命を救おうとするものは、それを失い、それを失うものは、保つのである」(ルカ伝一七章三三節)と言われる原理は、宇宙的《うちゅうてき》な原理であるといえます。

神の国を見るためには

ヨハネ伝一章に、

「それらの人は、血すじによらず、肉の欲《よく》によらず、また、人の欲にもよらず、ただ神によって生れたのである」(一三節)という言葉がありますが、このヨハネ伝三章の箇所《かしょ》はそ

の注解ともいえるでしょう。

どれだけ親が「わが子が立派《りっぱ》になりますように」と願っても、なかなか人間が思うようにはならない。「素晴《すば》らしい天才で、運動が万能《ばんのう》で、情があって正直で……」などと願ったって、とんでもない子が生まれてきたりする。ましてや神の子・キリストの生命を嗣《つ》ぐような者は、人間の願いによっては生まれません。

ここでイエスが言われるように、上より生まれなければ駄目《だめ》だということです。

これは、仏教でいうような意味での生まれ変わり、転生ということではありません。仏教では輪廻《りんね》転生《てんしょう》といって、死んだら人や動物などに生まれ変わることを何度も繰《く》り返《かえ》す、と言います。

だが、聖書ではそういうことを言いません。この世で生きているうちに霊的な生まれ変わりを体験しなければ、神の国はわからない。この「国」は、「βασιλεία《バシレイア》 王国」とギリシア語でいい、「支配、統治」を意味します。すなわち、神の国《バシレイア》とは神が統治しておられる霊的な現実を指すのであって、これは見る目がない者にはわかりません。

しかし、ある時から神の霊に触《ふ》れて見えだしたら、ほんとうに驚《おどろ》きます。私たちは、神の子であるという自分の尊《とうと》さに泣きたいくらいです。

「再び生まれる」といえば、ニコデモのように、もう年を取った大人が母の胎《たい》に入って再生するなどということができるものか、と思います。だがここでは、質的に違《ちが》う生まれ方がある、ということを言われるんです。

第一のものを第一に

イエスは答えられた、「よくよくあなたに言っておく。だれでも、水と霊とから生れなければ、神の国にはいることはできない」。（三章五節）

「よくよくあなたに言っておく」と言って、生まれ変わるということについて、イエスは駄目押《だめお》しをしておられます。ヨハネ伝をずっと読んでみても、他の人々にはイエスはこんなに熱心には語っておられません。しかし、このニコデモは宗教的教養もある人ですから、イエスは彼を相手に、単刀直入、宗教論議《ろんぎ》に白熱しておられることがわかります。

それにしても、「先生、あなたは神から来た人ですね！」という褒《ほ》め言葉で始まっているんですから、少しはニコデモに挨拶《あいさつ》もされたらいいのに、それをしないところがイエスですね。イエスは通《とお》り一遍《いっぺん》のことを言われず、挨拶のようなつまらないやり取りは抜《ぬ》きにして話される。こういうところを見ると、イエス・キリストのご性格がわかります。

私たちはどうでもいいことにかまけて、いちばん大事な問題、神と自分との関係については、おざなりにします。しかしキリストは、

「まず神の国と神の義とを求めよ。そうすれば、すべて添《そ》えて与《あた》えられる」(マタイ伝六章三三節)と言われました。ここには優先《ゆうせん》順位というものがある。第一のものを第一として生きてゆかれるのがイエス・キリストでした。第二、第三のことはどうでもよい。

ニコデモに対しても、第一のものを第一にして、

「だれでも新しく生れなければ、神の国を見ることはできない」という最も大事なことを、一度だけでなく何度も教えておられます。

生命《いのち》の水を汲《く》む体験

「だれでも、水と霊とから生れなければ、神の国にはいることはできない」(三章五節)

三節では「神の国を見る」でしたが、ここでは「神の国に入る」と、より積極的な言葉になっています。

それについて、「霊と水とから生まれなければならない」とあるのは、どういう意味か。キリスト教会では、「ここで水というのは洗礼《せんれい》のことだ、悔《く》い改《あらた》めの水のバプテスマである」というのが通説です。だが、それだけでは十分でありません。

この箇所《かしょ》の原文では、「εκ《エク》 ～の中から」というギリシア語が使われていますので、「どこから」生まれてくるのか、ということです。そうすると、悔い改めの水の洗礼「から」生まれるとは、どうも取れません。そもそもヨハネ伝では、「水」をもって「洗礼」ということを指していない。

これは、永遠の生命《いのち》の水、すなわち聖霊の泉《いずみ》を指しているんです。この「水」の意味については、聖書のあちこちに記されています。たとえば、ヨハネ伝七章には、次のように書いてあります。

「祭りの終わりの大事な日に、イエスは立って、叫《さけ》んで言われた、『だれでも渇《かわ》いているなら、わたしに来て飲め。わたしに信ずる者は、聖書に書いてあるとおり、その腹《はら》の中から生命《いのち》の水が川のように流れ出るであろう』』。これは、イエスに信じる人々が受けようとしている御霊《みたま》を指して言われたのである」(三七～三九節　私訳《しやく》)

またヨハネ伝四章でも、サマリヤの女と問答された時、

「わたしが与《あた》える水は、その人のうちで泉《いずみ》となり、永遠の命に至《いた》る水が、わきあがるであろう」(一四節)とイエスは言われました。

あるいは、旧約聖書のエゼキエル書を開いてみると、次のような言葉があります。

「わたし(神)は清い水をあなたがたに注いで、すべての汚《けが》れから清め、またあなたがたを、すべての偶像《ぐうぞう》から清める。わたしは新しい心をあなたがたに与え、新しい霊をあなたがたの内に授《さず》け、あなたがたの肉から、石の心を除《のぞ》いて、肉の心を与える。わたしはまたわが霊をあなたがたのうちに置いて、わが定めに歩ませ、わがおきてを守ってこれを行わせる」(三六章二五～二七節)

イエス・キリストが言われる「水から生まれる」とは、このような生命の水、聖霊に与《あずか》る体験、と考えるほうが正しいと思います。

霊から生まれなければ

「肉から生れる者は肉であり、霊から生れる者は霊である。あなたがたは（δεῖ《ディ》　どうしても）新しく生れなければならないと、わたしが言ったからとて、不思議に思うには及《およ》ばない。風は思いのままに吹《ふ》く。あなたはその音を聞くが、それがどこからきて、どこへ行くかは知らない。霊から生れる者もみな、それと同じである」。

（三章六～八節）

「肉から生れる者は肉であり、霊から生れる者は霊である」とありますが、どうしても霊から生まれる経験をしない限り、聖書の信仰はわからない。猿《さる》から生まれるのは猿の子です。人間にはなれません。同様に、人間という動物から生まれるのは、人間という動物の子です。

人間は立派《りっぱ》な被造物《ひぞうぶつ》には違《ちが》いありません。だが、神と交わり、神の国に入り、神の国を見るというような性質は、生まれながらの人間にはありません。この霊的に生まれるという体験は、実に神秘《しんぴ》な出来事です。それは言葉では説明しがたく、イエス様といえども、この程度にしか説明しておられません。

イエス・キリストは、

「神は霊であるから、礼拝《れいはい》をする者も、霊とまことをもって礼拝すべきである」(ヨハネ伝四章二四節)と言われていますが、キリストの本質であるところの聖霊によって生まれ直す、生まれ変わる経験、これをコンバージョン(回心)といいます。

この回心を経験しない限り、どんなに本を読んでも神の国はわからない。また、過去に経験しているだけでは駄目《だめ》です。ある方が次のように言われました、

「いやあ、私は良かったなあ、聖霊経験をしておるから」と。

「うーん、そうですか？　もうあなたからは聖霊が蒸発《じょうはつ》しているではありませんか」

「蒸発なんかしないよ、いっぺん受けたら」

「そういうわけにはいきませんよ……」

いつも神と共にあれば、私たちは神の霊が自分に加わってくることを感じますが、神様から離《はな》れたら、元《もと》の木阿弥《もくあみ》です。

エルサレムの風は清く吹いて

霊風は思いのままに吹《ふ》く

「風は思いのままに吹く。あなたはその音を聞くが、それがどこからきて、どこへ行くかは知らない。霊から生れる者もみな、それと同じである」(三章八節)とありますが、「風」も「霊」も同じ「*πνευμα*《プニューマ》」というギリシア語です。

風が思いのままに吹くように、霊界は霊的な自由の法則が支配している。霊的新生は一方的な恩《おん》恵《けい》です。

私自身、どうしてこんな恩寵《おんちょう》の世界に入れられたのかわかりません。神の御霊《みたま》は、なぜもっと立《りっ》派《ぱ》な、頭の良い、真面目《まじめ》な人たちのほうに行かれないのか。そこは神様のなさることですから、私にはわからない。神様が間違《まちが》われたんじゃないだろうか、とさえ思います。まあ、神様が間違いでもされなければ、私なんかは救われないですね。救われなければ現在のような喜びには入れず、実業家としてこの世の栄光を求めていた昔のように、虚《むな》しいものを追い求めていただろうと思います。

地上から始まる天国

ニコデモはイエスに答えて言った、「どうして、そんなことがあり得ましょうか（起こり得ましょうか）」。イエスは彼に答えて言われた、「あなたはイスラエルの教師でありながら、これぐらいのことがわからないのか。よくよく言っておく。わたしたちは自分の知っていることを語り、また自分の見たことをあかししているのに、あなたがたはわたしたちのあかしを受けいれない。わたしが地上のことを語っているのに、あなたがたが信じないならば、天上のことを語った場合、どうしてそれを信じるだろうか」。（三章九〜一二節）

ここに「イスラエルの教師」とありますが、イスラエルというのは神の民《たみ》です。その神の民の上に立つ教師でありながら、こんなことがわからないのか、というわけですね。

このニコデモは、他の福音書に出てくる「富める青年」ではないか、という説がありま す。富める青年は、

「永遠の生命を得るためには、どんな良いことをしたらいいでしょうか」とイエスに質問しに来ました(マタイ伝一九章一六〜二二節)。それでイエス・キリストは、ご自分の宗教的体験について、それはこうなんだよ、と懇々《こんこん》と話して聞かせるのに、その証《あか》しを受け入れない。

「地上のことを語っているのに」とありますが、地上で「新しく生まれ変わる」ということを経験した人間には、毎日が不思議な出来事の連続です。「生まれてきてほんとうに良かった!」というような不思議な生涯《しょうがい》が繰《く》り広《ひろ》げられる。それが信ぜられないのでは、天上のこと、もっと高い世界のことを語っても、どうして信ぜられようか。

ヨハネ伝の立場は、永遠の生命をもつことによって、天国がこの地上から始まるというものです。地球上の五十年、百年の生活は、次の世界に生まれ出るための霊的胎生《たいせい》時代で

す。地上において私たちは、キリストに宿った神の霊、聖霊を受けて次の世界に昇《のぼ》ってゆくのであります。それは、ただ信仰によって受け取られるものです。

私たちにとっていちばん大事なことは、聖霊を受け、新しく生まれるということです。新しく、心の底からひっくり返るように生まれ変わる経験というものがあるんです。

それをお互《たが》い、切に求めてまいりたく思います。

祈ります。目を閉《と》じて、ひざまずいてください。

大事なことは、キリストがニコデモにお教えになりましたように、霊的な生まれ変わりをすることです。聖霊が蒸発《じょうはつ》してしまったんでは、これは駄目《だめ》です。いつもみずみずしく、神の御霊《みたま》に満たされて生きることが大事です。そうすると、神の御心もわかりますし、自分が何をなすべきかもわかります。

どうか古い自分を白紙に返して、もう一度、天的な新しい生まれ変わりを経験してほしい。そうしたら見るもの、聞くものが変わってきます。願いを立てることが違《ちが》ってきます。神の霊が付加してくるならば、その願いはかないます！

深い呼吸《こきゅう》をなさってください。

霊によって生まれる。神の霊が自分に加わりさえすれば、あなたの願いはグングンかなうものです。そして、神様が共におられる小さなしるしを見たならば、もっと大きなしるしを見てください。

イスラエルの神エホバは生く、我はその前に立つ！　いつも神様の前に立つ思いでいると、違《ちが》ってきます。

（一九七三年一月十四日　②）

＊サンヘドリン…ユダヤがローマの統治下にあった時代、エルサレムにあったユダヤ人の最高自治機関。「最高評議会」「最高法院」などと訳《やく》される。構成員は七十一人で、主に祭司と律法《りっぽう》学者から成る。ユダヤ人の宗教生活全体を規定《きてい》し、さらに宗教共同体の徴税《ちょうぜい》と裁判《さいばん》を担当《たんとう》した。

〔第一三講　聖句　ヨハネ伝三章一二〜二一節〕

12「わたしが地上のことを語っているのに、あなたがたが信じないならば、天上
のことを語った場合、どうしてそれを信じるだろうか。13天から下ってきた者、す
なわち人の子のほかには、だれも天に上った者はない。14そして、ちょうどモーセ
が荒野《あらの》でへびを上げたように、人の子もまた上げられなければならない。15それは
彼を信じる者が、すべて永遠の命を得るためである」。
16神はそのひとり子を賜《たま》わったほどに、この世を愛して下さった。それは御子《みこ》を
信じる者がひとりも滅《ほろ》びないで、永遠の命を得るためである。
17神が御子を世につかわされたのは、世をさばくためではなく、御子によって、
この世が救われるためである。18彼を信じる者は、さばかれない。信じない者は、
すでにさばかれている。神のひとり子の名を信じることをしないからである。
19そのさばきというのは、光がこの世にきたのに、人々はそのおこないが悪いた
めに、光よりもやみの方を愛したことである。20悪を行っている者はみな光を憎《にく》む。

そして、そのおこないが明るみに出されるのを恐《おそ》れて、光にこようとはしない。
21
しかし、真理を行っている者は光に来る。その人のおこないの、神にあってなさ
れたということが、明らかにされるためである。

第一三講

神は独り子を賜《たま》うほどに

ヨハネ伝三章一二～二一節

イエス・キリストは、ユダヤ人の指導者ニコデモとの問答の中で、「誰《だれ》でも霊によって新しく生まれなければ、神の国に入ることはできない」と言われました。霊によって生まれる、すなわち聖霊によって私たちの魂が新生するという経験。これは、経験した人でないとわかりません。経験しないでも、それを求めるのがイスラエルの宗教のはずです。だがニコデモは、

「どうして、そんなことがありえましょうか」と言って、理解できませんでした。

するとイエスは、

「あなたはイスラエルの教師でありながら、これぐらいのことがわからないのか」(三章一

○節）と言って怪《あや》しまれた、とあります。
これは現代でも同様です。今のキリスト教会では、「原始福音《げんしふくいん》の人は聖霊を強調するが、あれはオカシイ」などと言って、牧師さん自身が聖霊の働きを知らないですね。もし今、イエス・キリストが地上に来られたら、「おまえたちはキリスト教を名乗りながら、こんなことも知らないのか」と、きっと言われると思います。

ニコデモのような上流階級の優《すぐ》れた人物が道を求めて来た時に、キリストはさぞお嬉《うれ》しかったと思います。こういう人が弟子《でし》となったら、学問をした人だけに、どんなに深い理解を得られるだろうか、と期待されたことでしょう。

ところが、それは逆でありまして、前講で学びましたように議論倒《ぎろんだお》れになってしまっております。信仰は、幼《おさ》な子《ご》のような人によくわかるのでして、学問があるような人には、なかなか信仰の心が開けません。

それでキリストは、

「心をいれかえて幼な子のようにならなければ、天国にはいることはできないであろう」（マタイ伝一八章三節）と言われました。

聖霊によって開ける神の世界

「わたしが地上のことを語っているのに、あなたがたが信じないならば、天上のことを語った場合、どうしてそれを信じるだろうか。天から下ってきた者、すなわち人の子のほかには、だれも天に上った者はない」。

（三章一二、一三節）

ここで「人の子」というのはイエス・キリストのことですが、キリストは普通《ふつう》の人と違《ちが》って、天上の世界のことをまざまざと見るように体験しておられました。しかし、そのように地上で天上の世界が開ける不思議な経験をもつ人が現れましても、一般《いっぱん》の人は同じ経験をもちませんから、霊的な福音はどうしても受け入れられにくい。

キリストが天上のこと、神の世界のことを語られても、聞く耳のない人にはわからない。聞く耳がないというよりも、聖霊を受ける経験、神の御霊《みたま》によって新しく生まれるという経験が始まっていないために、どうしてもわからない。それは生命《いのち》の質が違うからです。神の生命を聖霊といいますが、聖霊を受けた人は自《おの》ずと神の世界がわかるんです。

よく、「聖霊を受けることよりも、死後のことや天国のことのほうが大事ではないですか」と言って、私に質問してくる人がいます。だが、この地上の人生において聖霊を受け、永遠の生命《いのち》を与《あた》えられるという基本的なことを抜《ぬ》きにして、一足飛びに天国のことを語っても、理解は困難《こんなん》です。小学生に、大学や高校の授業をしてもわからないのと同じです。私たちは、この地上にありながら、天上の生命である神の御霊《みたま》を少しく頂《いただ》く経験をもつと、急に聖書がわかるようになるし、わかるどころではない、涙《なみだ》なくして読めないほどになります。

そのような意味で、地上のことがわからないのなら、天上のことを話してもわからないということの内容を、次の一四節からキリストは論《ろん》じてゆかれます。

仰《あお》ぎ見よ、そうすれば生きる

「そして、ちょうどモーセが荒野《あらの》でへびを上げたように、人の子もまた上げられなければならない。それは彼を信じる者が、すべて永遠の命を得るためである」。

（三章一四、一五節）

「モーセが荒野《あらの》でへびを上げた」とは、旧約聖書の民数記二一章に書かれている故事です。今から三千年以上前のこと、イスラエルの民《たみ》が奴隷《どれい》となっていたエジプトから脱出《だっしゅつ》して、神に約束された地カナンまで近づき、ホルという山からさらに進もうとした時に、火の蛇《へびよ》と呼ばれる毒蛇《どくじゃ》にかまれて多くの者が死にました。それは民が、「なぜわたしたちをエジプトから導き上って、荒野で死なせようとするのですか。ここには食物もなく、水もありません。わたしたちはこの粗悪《そあく》な食物はいやになりました」(民数記二一章五節)と不満を言ったために、神様が怒《いか》られて蛇を送られたからでした。

せっかくモーセに連れられて自由を得ましたのに、民にとって荒野の自由などというものは、つまらなく思えたのでしょう。

エジプトの肉鍋《にくなべ》をつついていたほうがよかったのに、という心。信仰を捨《す》てて文化主義的に生きたほうがいいのに、などというような、つぶやきが起きました時に、火の蛇に悩《なや》まされて死んでゆく人たちがいた。その時に、「わたしたちは、つぶやいて罪を犯《おか》しました。どうぞ、へびが取り去られるように主に祈ってください」と民が願うので、モーセが神様に祈りますと、

©Jerzy Strzelecki

青銅の蛇のモニュメント
（ヨルダン・ネボ山頂）

「火のへび（模型《もけい》）を造って、それをさおの上に掛《か》けなさい。すべてのかまれた者が仰《あお》いで、それを見るならば生きるであろう」（民数記二一章八節）と言われた。

そこでモーセは、神様に言われたとおりに青銅で蛇《へび》を造りました。それを仰ぎ見た者はすべて救われた、とあります。

ここでキリストは、

「人の子もまた上げられなければならない」と語り、ご自分も世の救いのために十字架《じゅうじか》に上げられることを説かれました。

旧約聖書の蛇の故事がわからなければ、「十字架のキリストを仰ぐ者は永遠の生命を受ける」という宗教的真理がどうしてわかるものか、というのがキリストがおっしゃろうとすることですね。

荒野《あらの》で神に出会う幸い

モーセが荒野で蛇《へび》を上げたのは、イスラエルの民《たみ》が荒野をさまよっていた時でした。荒野をさまよう、これ人生の一つの縮図《しゅくず》ではないでしょうか。

私たちは、神の目的の地に至《いた》るまでは、いつまでもさすらいが続きます。神に出会うまでは、何をやっても心が満足するということがない。私自身、昔は「何のために生まれてきたのか。死ねばよかった」と思って自分を呪《のろ》ったものですが、今は「嬉《うれ》しいなあ、神と共に生きる人生が始まって」と感謝でたまりません。

私だけではありません。先日も、大阪の亀田《かめだ》耕平さんとお話ししたことでした。

亀田さんは、両親の代から熱心にキリスト教を信仰しているご家族ですのに、何ら魂に喜びもなく教会に通っておられるだけでした。それが十数年前のこと、電気部品を製作・販売《はんばい》するご自分の事業に行《ゆ》き詰《づ》まり、借金が増すばかりの時がありました。

その頃《ころ》、私が出している『生命の光』誌《し》をお読みになり、信仰が変わるとガラリと物事の見方が変わり、心に浮《う》かぶ電気部品の発明のアイデアを次々と企《き》業化《ぎょうか》なさると、事業が繁栄《はんえい》されるようになりました。それで、「神に出会い、神と共に歩きだしたら、周囲も一切《いっさい》が恵《めぐ》まれて栄えてゆくようになる。こんな幸いがあるとは考えられなかった」と言われます。それは、物質的な意味ではありません。亀田さんは多くの人を抱《かか》えて、喜びを共にしながら仕事をしておられます。私は、亀田さんが人生に傷《きず》つき痛《いた》んだだけに、その嬉《うれ》しさも倍だろうと思って、彼のために喜びました。

ただ、救われる人はほんとうに少ないものでして、「神を信じる」と言いながら、いつまでもさまよいつづけているような信仰生活の人があります。さまよう程度ならいいですが、サタンという蛇《へび》にかまれて魂を滅《ほろ》ぼしてしまう人がいる。

霊によって新しく生まれ変わることができる人間であるのに、霊魂をすっかり腐敗《ふはい》させられて、再生もおぼつかないような状況《じょうきょう》にある。そんな人がなんと多いかというときに、この民数記の話をもってキリストの暗示されるところは何でしょうか。

信ずるとは、聞《き》き従《したが》うこと

神はそのような人間の状況を見るに忍《しの》びず、愛して救おうとされる。

「それは彼を信じる者が、すべて永遠の命を得るためである」(三章一五節)とありますが、信ずるということは理屈《りくつ》を超《こ》えて信ずることです。神に信じ、神に聞《き》き従《したが》って、それをほんとうに行なう、ということです。

神様は、「蛇《へび》を造って竿《さお》の上に掛《か》けよ。それを仰《あお》ぎ見る者は救われる」と言われたが、こういうことに対しては、「おとぎ話ではあるまいし、そんな青銅の蛇を仰いだって救われるものか」という理性的な反発があります。しかし、仰がない者は死に、仰いだ少数の者は救われた。こうして、救われる人と救われぬ人が分かれます。

荒野《あらの》のような、どこにも救いがない状況《じょうきょう》にあるとき、「神様が救ってくださるならば、私は信じ従います」という、その心が救うんですね。これは、人間の信念が救うということではありません。神様が「仰ぐ者は救われる」と言われた、その約束が大事です。神の約束が成ることが大事なんです。

神様に信じて従おうとする心が起きるときに、今まで神に背《せ》を向けていた気持ちがすっかり一変してしまいます。神に従わない者には、どれだけその先のお話をしましても駄目《だめ》です。それは、いよいよ自分は死ぬかもしれない、恐《おそ》ろしいというせっぱ詰《つ》まった気持ちがないからです。「私は食うのにも困《こま》らないし、給料もほどほど貰《もら》っている」などと言って、地上のことだけで満足している人たちは、自分の魂が死んでしまっていることすら気がつかないので、神を仰《あお》がない。魂が生き返るなどということは、思いもしません。

十字架《じゅうじか》のキリストを見上げよ

神に信じて、霊的な神の生命《いのち》を受けなければ、私たちはほんとうに救われない。しかし、そのことがどうしても理屈《りくつ》ではわからない。そのために、ちょうどモーセが荒野《あらの》で蛇《へび》を上げたように、人の子イエス・キリストも十字架に上げられねばならない、という。

「δεῖ《ディ》 ～ねばならない」というギリシア語は、「～のようになっている、必然である」と訳《やく》すべき言葉です。キリストは十字架の上に上げられ、死んで生命を流すことになっている。それは必然である。なぜかというと、

「彼を信じる者が、すべて永遠の命を得るためである」（三章一五節）とあります。この十字架の上に生贄《いけにえ》となったキリストを信ずると、ほんとうに永遠の生命をもつようになるから不思議です。

キリスト教の歴史上の先人たち、また幕屋《まくや》にいる私たちを見てもそうです。十字架《じゅうじか》上に血汐《ちしお》を滴《したた》らせておられるキリストを仰《あお》ぐ者は、永遠の生命を得る。これがキリストの宗教の目標です。目的です。それで、永遠の生命を頂《いただ》くこともなく、ただ十字架を仰いでいるだけなら、それは本物ではないということになります。

これは、経験する人にはそのとおりですけれど、経験していない人にとっては、「さあ、そういうことがあるだろうか」と言って、百の議論《ぎろん》をしても、百の神学書を読んでもわかりません。このように、永遠の生命を伝えるということはなかなか難《むずか》しいことです。

宗教的真理を伝える苦心

ヨハネ伝によく似た思想をもつ仏典に、法華経《ほけきょう》があります。

このお経は、日本の仏教では非常に重んぜられているものですが、その神髄《しんずい》は「*久遠実成《くおんじつじょう》」、すなわち永遠に在《いま》す仏を説いた点にあります。その法華経の中で、最も中心をなす部分である「如来寿量品《にょらいじゅりょうぼん》」に、次のようなことが書かれています。

いよいよお釈迦様《しゃかさま》が入滅《にゅうめつ》する時、弟子《でし》たちに話をされた。

「私は永遠の昔から仏であり、永遠に死ぬことはない。だが、いつまでも私が見える姿《すがた》で現世におっては、人々は怠《なま》けて、救いを求めない。私が現身《うつしみ》を捨《す》てるなら、仏を求めて渇仰《かつごう》するであろう。そのための方便として私は入滅《にゅうめつ》するのだ」と言って、次のような譬《たと》え話《ばなし》をした。

＊

ある所に、学問もあり、賢明《けんめい》で、あらゆる病気を治すことができる名医がいた。彼にはたくさんの息子《むすこ》がいたが、彼が外国にいた留守中に、息子たちは毒薬か毒物を飲んでしまった。ある者はその毒によって焼けただれるような苦しみにもだえ、ある者は本心を失ってうわ言を言ったりしていた。

そこへ父親の医者が帰ってきた。彼は、色も香《か》りも味もよい良薬を調合して、「しょうがない子たちだ。さあ、この解毒剤《げどくざい》を飲め」と言って、苦しんでいる息子たちに飲ませようとするが、苦しみのあまり飲もうとしない。しかし、症状《しょうじょう》の軽い子たちは父親の言うことを聞いて飲んだ。すると治った。しかし、毒にすっかりやられて本心を失っている子らは、全然飲もうとしない。ただ、

「お父さん、そばにおってくれ」とせがみ、わがままを言うばかり。少しも薬を飲もうとしない。良い薬だから、何とか服用せしめる方便はないものか。

父親は一計を案じ、子供《こども》たちに薬を飲むように言い残して、また遠くに出かけた。やがて旅先から、父親が死んだという知らせが来た。それを聞いた息子《むすこ》たちは泣いて、「ああ、私たちにはもう頼《たよ》るものがなくなった！」と思ったら、ハッと本心が目覚めた。「お父さんが飲めと言った薬を飲んでみよう」と言って飲むと、皆《みな》救われた。

そこに父親が帰ってきたので、

「お父さん、死んだなんて、なぜ嘘《うそ》をついたの？」と言うと、

「おまえたちが薬を飲もうとしないからだ。私が死んだと聞けば、『お父さんの言うことを聞けばよかった』といって、薬を飲もうという心が起こるだろうと思ったのだ。生き返ってくれてよかった、よかった」と言った。

＊

さあ、この名医のついた嘘は悪い方便なのか、どうか？　お釈迦様が弟子《でし》たちに問いかけると、「それなら方便もよい」と答えた。

お釈迦様も、方便として自分が身を隠《かく》してでも、人々に信じる心、渇仰《かつごう》する心を起こそうとされました。「嘘《うそ》も方便」といいますが、人を救うための手段《しゅだん》を方便というのです。

宗教の問題として、方便でも用いなければ人は救われません。キリストが、「地上のこと、方便を語っているのに、あなたがたが信じないならば、天上のことを語った場合、どうしてそれを信じるだろうか」と言われたのも同様です。ここに、神の道を伝えるための苦心があります。

福音が凝縮《ぎょうしゅく》された一句

神はそのひとり子を賜《たま》わったほどに、この世を愛して下さった。それは御子《みこ》を信じる者がひとりも滅《ほろ》びないで、永遠の命を得るためである。（三章一六節）

この一六節は「小福音書」といわれ、「福音というものを縮《ちぢ》めたらこれに尽《つ》きる」と言う学者がいますが、そのくらい重要な聖句です。

多くの人が蛇《へび》にかまれて死んでいったように、人々が罪の中に魂を死なせてしまいつつある。魂が死んでは、神と交わり、神の国に入ることはできません。

だが、神様は滅《ほろ》びゆく世の人々を見るにつけて、その独り子イエスを犠牲《ぎせい》にしてでも世を救おうとしていらっしゃる。人間の世界で言うならば、独り子を与《あた》えたら世継《よつ》ぎがいなくなってしまいます。しかし、その独り子を与えても悔《く》いないと思うほど、かけがえのない、いちばん大事なもの以上に、神は深くこの世を愛しておいでになる。わが子に流れるご自分の生命《いのち》を、血を流してでも与えたいほどに愛しておられる、というんです。

このような神のご愛。罪深いこの世をも愛したもうご愛。人間だったらとても耐《た》えられないようなことにも耐えて、悪いやつをも労《いたわ》り慰《なぐさ》めながら魂を育《はぐく》まれるご愛。このご愛が、私のような者をも救ったんです。

「それは御子《みこ》を信じる者がひとりも滅びないで、永遠の命を得るためである」。

「永遠の命」とありますが、これはいつまでも生きるというような、時間的に永遠という意味ではありません。聖書において「永遠」とは、神に属する領域《りょういき》であり、本質的な世界、目に見えない神の世界のことを意味しています。

朽《く》ちゆくようなこの地上での六十年、七十年の命ではない。永遠の世界に滾《たぎ》っている神

の生命《いのち》を、永遠の生命というんです。それを分け与《わあた》える者が、キリストです。そのために
キリストは地上に来られました。

主はいのちを　　与えませり
主は血汐《ちしお》を　　流しませり
その贖《あがな》いにて　　われは生きぬ
われ何をなして　　主に報《むく》いし

と賛美歌にあるように、キリストは十字架《じゅうじか》にかかり血を流したもうた。その贖いによって私たちは救われるのであります。

聖書を読むと、神の傑作《けっさく》ともいうべき士師*、預言者と称《しょう》せられた、優《すぐ》れた霊的人格をイスラエル民族は輩出《はいしゅつ》しています。彼らの多くは、この世から迫害《はくがい》され、苦しめられて殉教《じゅんきょう》しました。最後にイエス・キリスト、まさに神の独り子ともいうべき最愛のお方を神は世に遣《つか》わされたが、キリストは最も残忍《ざんにん》な殺され方、十字架の刑《けい》に処《しょ》せられました。神の独り子の血は、ゴルゴタの丘《おか》に今も流されているのを感じます。

愚《おろ》かで卑《いや》しい者をも

ここに、「ひとりも滅《ほろ》びないで」と訳《やく》されていますが、原文では「すべての者が滅びないで」となっています。

孔子《こうし》は『論語《ろんご》』の中で、「上知《じょうち》と下愚《かぐ》とは移らず」ということを申しております。上知というのは、教養のある、最も優《すぐ》れた知恵《ちえ》をもっている人で、下愚というのは最も愚かな者という意味です。この両者は、努力して教えても変わらない。上知はもともと優れているので導く必要がなく、下愚は話して聞かせても変わりがたい。そうすると結局、中間層《ちゅうかんそう》の者が孔子の教えを受け入れてくれる、というわけです。

私なども昔、教員をしておりました時に、そう思わないでもありませんでした。あの生徒はいろいろ指導したって駄目《だめ》だ、とサジを投げてしまう。結局、指導するのは中間の者たちである、そういう考えをもつこともあります。信仰に導く場合も、いろいろと困《こま》った問題を起こして、もうあんな人を導くのは大変だ、と思うこともあります。

しかし神様は、そんな下愚とも思えるような人をも導き、救いたもう神様であることを思うと、神様のなさることは不思議だと思います。自分自身で自分を捨《す》てており、他人からも捨てられているような者をも、神様は救いたもうのです。

孔子は「上知《じょうち》と下愚《かぐ》とは移らず」と言いますが、神は世を愛して「すべて信じる者に永遠の生命を得させる」と言われる。上知も下愚も、すべてです。こういうことを考えてみると、神様のなさり方と、私たち人間が「あの人は……」と偏《かたよ》り見《み》ることには、大きな違《ちが》いがあるんですね。それだから下愚のような私も救われた、ということを思わずにはおられません。

神様の愛の労苦

神が御子《みこ》を世につかわされたのは、世をさばくためではなく、御子によって、この世が救われるためである。彼を信じる者は、さばかれない。信じない者は、すでにさばかれている。神のひとり子の名を信じることをしないからである。そのさばきというのは、光がこの世にきたのに、人々はそのおこないが悪いために、光よりもやみの方を愛したことである。

（三章一七～一九節）

ここに「κρινω《クリノー》 さばく」という語がありますが、これは「裁判《さいばん》の宣告《せんこく》をする、批判《ひはん》する」または、羊と山羊《やぎ》とを分けるように「分ける」という意味のギリシア語です。裁《さば》く時は、正か否《ひ》か、白か黒か裁かなければなりません。だが、それは裁くように見えるけれども、救うためです。

「信じない者は、すでにさばかれている」とありますが、「私は神などいりません」と言うこと自体が、すでに裁かれている。神に対して無感覚になっていることすら知らず、自分がいちばん偉《えら》いと思っている。それ自身が裁きですね。

多くの人は暗きを愛して光に来ない。光に来たらもっと素晴《すば》らしくなれるのに、「いや、私は暗いぐらいがいいですよ。宗教はゴメンだ。この世のことが、金儲《かねもう》けが忙《いそが》しい」と言っている間に、救われることもなく人生が終わってしまいます。神は裁かれませんが、人間自身の本質が自分を裁いております。

悪を行っている者はみな光を憎《にく》む。そして、そのおこないが明るみに出されるのを恐《おそ》れて、光にこようとはしない。しかし、真理を行っている者は光に来る。その人のおこないの、神にあってなされたということが、明らかにされるためである。

（三章二〇、二一節）

どぶネズミは暗い所が好きで、明るい所に来ようとはしません。

人間でも、長い間暗い所にいる者は、急に明るい部屋に入ると「まぶしくて目が痛《いた》い」と言います。また明るい所に出ると、物事がはっきりしてボロもよく見えます。そのボロを隠《かく》すために、光に来たくないと思う。

そのように、悪を行なっている者は皆《みな》、光を憎《にく》む。そして、その行ないを責められたくないために光に来ない。しかし、光は裁《さば》くためにあるのではないんですね。神が御子《みこ》を遣《つか》わされたのは、世を裁くためではなく、御子によってこの世が救われるためです。

レントゲン検査をしたら、体の内部までわかって病気の治療《ちりょう》もできる。そのように、光にさらされれば、どういう罪であったかハッキリするわけです。それを「嫌《いや》だ」と言っていたら、いつまでも救われません。

霊的な問題として、また魂の問題として、「すべてがわかってしまったら嫌だ」と思って、光を避《さ》けていたら、光の中を歩む喜びすら得られない。キリストは、「わたしに信じる者は生命《いのち》の光を得る」と言われるから、そのとおりに従《したが》ってみたら、あっと言う間に治療《ちりょう》は済《す》んでしまうものです。光に来なければ救われません。

ちょうどモーセが荒野《あらの》で蛇《へび》を上げたように、人の子キリストもまた十字架《じゅうじか》に上げられねばならない。それは、十字架上で血を流しつつあるキリストを信じる者がすべて、永遠の生命を得るためであります。

この永遠の生命をもつということは、信じる者には簡単《かんたん》なことですが、信じない人にはほんとうに難《むずか》しい。だが、神様は何とか信じる心をもたせようと、愛の労苦をしておられることを感じます。人生は結局、永遠の生命を得て、次の世界に移るための、しばらくの準備期間であると思います。

祈ります。深い呼吸《こきゅう》をして、目に見えないキリストを見上げてください。この見上げる心が、やがて私たちを神に至《いた》らしめることになります。

キリストの神様、心から御名《みな》を賛美いたします。

昔、地上にいまして、懇々《こんこん》と道を説きたまいし御書《みふみ》をひもときまして、もう一度、信仰の何たるかをお教えくださり、ありがとうございます。不思議なあなたの祝福と御霊《みたま》を信じて、私たちは生き返りとうございます。全日本に散りて宿れるあなたの民《たみ》の上に、今日もひとしき祝福を注ぎたもうよう、お願いいたします。

（一九七三年一月二十一日）

＊久遠実成《くおんじつじょう》…第一講の注（二四頁）を参照。

＊士師…古代イスラエルにおける、カリスマ的指導者たちのこと。彼らは、王国成立前の紀元前十二～前十一世紀に、民族の危機《きき》に瀕《ひん》して立ち上がり、民を導いた。そのような民族の英雄《えいゆう》としての大士師と、裁判人《さいばんにん》・仲裁者《ちゅうさいしゃ》としての小士師とが『士師記』に記されている。

▼ヨハネ伝原本の問題　ヨハネ伝三章一四～二一節は、前後と話がつながらない、と多くの学者が考えています。それは、ヨハネ伝の原本に問題があると思われるからです。すなわち、「ヨ

ハネ伝が書かれた後で、ある時にページがバラバラになってしまい、再びそれを綴《と》じ直《なお》したからではないか。その時に、あちこち綴じ間違《まちが》えて、読みにくくなってしまった箇所《かしょ》が幾《いく》つもある。その時に、どうしてもつながりが悪い箇所は、言葉を足したようだ」というのです。

この三章一四~二一節は、本来、ヨハネ伝一二章三二~三四節の、「『わたしがこの地から上げられる時には、すべての人をわたしのところに引きよせるであろう』。イエスはこう言って、自分がどんな死に方で死のうとしていたかを、お示しになったのである。すると群衆《ぐんしゅう》はイエスにむかって言った、『わたしたちは律法《りっぽう》によって、キリストはいつまでも生きておいでになるのだ、と聞いていました。それだのに、どうして人の子は上げられねばならないと、言われるのですか。その人の子とは、だれのことですか』」という箇所に続いていたのではないか、といわれます。そうすると、確かに筋《すじ》がよく通ります。

聖書テキストの研究ではそのように考えられていますが、私たちは、現在あるままのヨハネ伝として読んで学びたいと思います。

（手島郁郎）

〔第一四講　聖句　ヨハネ伝三章二二〜三六節〕

22こののち、イエスは弟子《でし》たちとユダヤの地に行き、彼らと一緒《いっしょ》にそこに滞在《たいざい》し
て、バプテスマを授《さず》けておられた。23ヨハネもサリムに近いアイノンで、バプテス
マを授けていた。そこには水がたくさんあったからである。人々がぞくぞくとやっ
てきてバプテスマを受けていた。24そのとき、ヨハネはまだ獄《ごく》に入れられてはいな
かった。

25ところが、ヨハネの弟子たちとひとりのユダヤ人との間に、きよめのことで争《そう》
論《ろん》が起った。26そこで彼らはヨハネのところにきて言った、「先生、ごらん下さい。
ヨルダンの向こうであなたと一緒にいたことがあり、そして、あなたがあかしをし
ておられたあのかたが、バプテスマを授けており、皆《みな》の者が、そのかたのところへ
出かけています」。

27ヨハネは答えて言った、「人は天から与《あた》えられなければ、何ものも受けること
はできない。28『わたしはキリストではなく、そのかたよりも先につかわされた者

である』と言ったことをあかししてくれるのは、あなたがた自身である。29花嫁《はなよめ》を
もつ者は花婿《はなむこ》である。花婿の友人は立って彼の声を聞き、その声を聞いて大いに喜
ぶ。こうして、この喜びはわたしに満ち足りている。30彼は必ず栄え、わたしは衰《おとろ》
える。
31上から来る者は、すべてのものの上にある。地から出る者は、地に属する者で
あって、地のことを語る。天から来る者は、すべてのものの上にある。32彼はその
見たところ、聞いたところをあかししているが、だれもそのあかしを受けいれない。
33しかし、そのあかしを受けいれる者は、神がまことであることを、たしかに認《みと》
めたのである。
34神がおつかわしになったかたは、神の言葉を語る。神は聖霊を限りなく賜《たま》うか
らである。35父は御子《みこ》を愛して、万物《ばんぶつ》をその手にお与《あた》えになった。36御子を信じる
者は永遠の命をもつ。御子に従《したが》わない者は、命にあずかることがないばかりか、神
の怒《いか》りがその上にとどまるのである」。

第一四講

天来の生命に生きる

ヨハネ伝三章二二〜三六節

三章の初めにおいて、イエス・キリストが地上の風《プニューマ》にことよせて霊《プニューマ》の真理を語ろうとされたのに、ついにニコデモは悟《さと》るところまでいきませんでした。キリストは、考えたことや想像したことではない、ご自身がありありと見たところ聞いたところのもの、これよりも明白な真理はないことを、そのまま証《あか》ししておられるのに、地から出て、肉の目に見ゆる事物しか考えないニコデモにはさっぱり通じません。

天より来たり、神の霊をもって語る者と、地上のことだけを語る者との間には、根本的な次元の相違《そうい》がある。それで天上界の真理の証明も、地上人には受け取れないわけです。

天と地の距離《きょり》、それは絶対的な断層《だんそう》でしょうが、だからといって、神の領域《りょういき》に接触《せっしょく》できないわけではありません。宗教を講じようとする者にとっては、天と地をつなぐ交信の役割《やくわり》を果たしゆくところに、興味の尽《つ》きない工夫の努力があります。

バプテスマ論争《ろんそう》の中で

こののち、イエスは弟子《でし》たちとユダヤの地に行き、彼らと一緒《いっしょ》にそこに滞在《たいざい》して、バプテスマを授《さず》けておられた。ヨハネもサリムに近いアイノンで、バプテスマを授けていた。そこには水がたくさんあったからである。人々がぞくぞくとやってきてバプテスマを受けていた。そのとき、ヨハネはまだ獄《ごく》に入れられてはいなかった。

（三章二二〜二四節）

エルサレムの付近一帯をユダヤの地といいますが、イエスはそこでバプテスマ（洗礼《せんれい》）を授けておられた。次の四章を見ますと、これはイエス・キリストが授けておられたのではなく、弟子たちが授けていた、とあります。ですから、かつて洗礼者ヨハネの弟子でありましたヨハネやアンデレなどが、以前の洗礼の習慣をそのまま持《も》ち込《こ》んで、バプテスマを授《さず》けていたのだろうと思われます。このバプテスマというギリシア語は、「浸《ひた》すこと」という意味ですから、川や泉《いずみ》に身体《からだ》をとっぷりと浸すことをいいます。

ところが、ヨハネの弟子《でし》たちとひとりのユダヤ人との間に、きよめのことで争論《そうろん》が起った。そこで彼らはヨハネのところにきて言った、「先生、ごらん下さい。ヨルダンの向こうであなたと一緒《いっしょ》にいたことがあり、そして、あなたがあかしをしておられたあのかたが、バプテスマを授けており、皆《みな》の者が、そのかたのところへ出かけています」。（三章二五、二六節）

「きよめ」というのはバプテスマのことですが、このことで洗礼者《せんれいしゃ》ヨハネの弟子たちと一人のユダヤ教徒の間で論争が起きた。洗礼者ヨハネかイエス・キリストか、どちらの先生のバプテスマが良いのか、ということで争いが起きました。それで、「どうもこの頃《ごろ》、イエスの許《もと》へぞくぞくと洗礼を受けに行くが、あなたはそれでいいんですか?」とヨハネの弟子たちが師に訴《うった》えたわけです。

教派心《きょうはしん》が働きますと、よその群れが栄えているのを見て嫉妬《しっと》する心が湧《わ》きます。また、どちらのバプテスマが本当なんだろうか、という疑問《ぎもん》もあったでしょう。あるいは、そもそも「洗礼《バプテスマ》」ということを強調したのは洗礼者《せんれいしゃ》ヨハネでしたから、後輩《こうはい》であるイエスは深入りしないほうがいいのではないか、といった気持ちもあったかもしれません。弟子《でし》たちの声に対して、ヨハネは次のように言いました。

　ヨハネは答えて言った、「人は天から与《あた》えられなければ、何ものも受けることはできない。『わたしはキリストではなく、そのかたよりも先につかわされた者である』と言ったことをあかししてくれるのは、あなたがた自身である。花嫁《はなよめ》をもつ者は花婿《はなむこ》である。花婿の友人は立って彼の声を聞き、その声を聞いて大いに喜ぶ。こうして、この喜びはわたしに満ち足りている。彼は必ず栄え、わたしは衰《おとろ》える」。

（三章二七～三〇節）

お互《たが》いの猜疑心《さいぎしん》や嫉妬心をあおりたてようとするユダヤ教徒に対して、洗礼者ヨハネの答えを読むと、ヨハネがいかに人間くさい心を超《こ》えていたかということがわかります。彼は「自分はキリストではなく、先に遣《つか》わされた者である。キリストの出現に喜び、満ち足りている」という気持ちをもっていました。

天から与《あた》えられなければ

ここでヨハネは、「人は天から与え(授《さず》け)られなければ、何ものも(何ひとつとして)受けることはできない」と言っています。これは重要な聖句です。

「天から与えられる」とは、どういうことか。

この「ουρανος《ウーラノス》 天」というギリシア語は、新約聖書では複数形や単数形で書かれています。複数形であるというのは、古代ユダヤ人の宇宙観《うちゅうかん》といいますか、天地に対する見方は、天は幾重《いくえ》にも重なっている、いろいろな階層《かいそう》があると感じておったようです。

まず天といえば、鳥たちが飛ぶ大空がある。またパレスチナに行きますと、空気が澄《す》んでいてたくさんの星が見えますが、それらの星がちりばめられてある第二の天がある。しかし、さらにもう一つの天がある。使徒パウロは、次のように言っています、

「わたしはキリストにあるひとりの人を知っている。この人は十四年前に第三の天にまで引き上げられた――それが、からだのままであったか、わたしは知らない。からだを離《はな》れてであったか、それも知らない。神がご存《ぞん》じである」（コリント後書一二章二節）と。

ここでわかりますように、より高きところに、神様がおられる霊の世界がある。天使たちがおり、聖者たちが行くようなパラダイスがある。そういう意味においての第三の天がある、というんですね。

この天について、キリストは次のように言われました。

「みこころが天に行われるとおり、地にも行われますように」（マタイ伝六章一〇節）と。

ここでは「天」は単数形で書かれています。すなわち、最高の天というか、一つしかない天がある。それは、神の御心《みこころ》が完全に行なわれる世界であるということです。

ヨハネ伝に戻《もど》ります。洗礼者《せんれいしゃ》ヨハネが、

「人は天から与《あた》えられなければ、何ものも受けることはできない」と言った時の「天」も、単数形で書かれています。この「天」は、物質的ではない、永久に続く場所であり、神の御心が完全に行なわれるところである。人は、そのような「天」から与えられるのでなければ、何ものも受けることはできない、ということです。漠然《ばくぜん》と「天」と考えますと、意味がわかりません。

上から来る者、地から出る者

洗礼《せんれい》問題について、洗礼者ヨハネとイエス・キリストは、どちらが正しいのだろうかという議論《ぎろん》に対して、ヨハネが「天から与《あた》えられなければ……」と言っているのは、自分とイエスとでは、天からなのか地からなのか、その出所が違《ちが》うのだということです。

そのことを、さらに次のように述べています。

「上から来る者は、すべてのものの上にある。地から出る者は、地に属する（地からの）者であって、地のことを（地から）語る。天から来る者は、すべてのものの上にある。彼はその見たところ、聞いたところをあかししているが、だれもそのあかしを受けいれない。しかし、そのあかしを受けいれる者は、神がまことであることを、たしかに認《みと》めたのである」。

（三章三一～三三節）

洗礼者《せんれいしゃ》ヨハネは、

「女の産んだ者の中で、ヨハネより大きい人物はいない」(ルカ伝七章二八節)とイエスに評されたほどの大人物であり、最高の宗教家でした。しかし、どんなに偉大《いだい》であっても、人間界から出た者であった。それに対して、イエス・キリストは上から、天から来た人であった。これは、人間としての身分や学識の違《ちが》い、あるいは宗教的な天分の違いというよりも、どこから来たのかが問題だということです。そこに一切《いっさい》の違いがあるんです。天から来る者は、すべてのものの上にある。

イスラエルの教師であったニコデモも、イエスに対して「あなたは神からの教師です」と言って、地上の教師とは違う、ということを言いました。

この三章でヨハネ伝が強調するのは、天から遣《つか》わされた師と地からの師と、二つあるのだということですね。すなわち、「洗礼者ヨハネは地からの師であった。しかし自分(使徒ヨハネ)が後に師事したイエス・キリストは、天から来た師であった」ということを言いたいのが、この章の目的です。

神の生命《いのち》が流入するならば

フランスのカトリックのある神父が、次のように言っております。

「私は人間としての感じ方と、神の子としての感じ方の二つの感じ方をもっている」と。

彼が言うように、私たちは二つの世界を生きる者です。

それは、人間の子として生きることと、神の子として生きることです。

多くの人はただ人間としてしか生きない時に、私たち聖書に学ぶ者にとって大事なことは、神から生まれる意識です。

私たち人間は、哺《ほ》乳類《にゅうるい》に属する動物です。人間として、この世的な感じ方や考え方をもちます。それは、それでいいです。しかし、それだけではいけない。時として、天という領域《りょういき》が開けて、天上界の神の生命が雨のように降《ふ》り注《そそ》ぐ経験、これが大切であります。

人間は、地上からだんだんに天に向かって進化向上してゆくものだ、という考え方があります。そのように、人間が進歩して立派《りっぱ》になってゆけば、神の人になるだろうというような考えは、とっつきやすいし、わかりやすいです。しかし、聖書はそのようには考えておりません。

地から出たものは、どんなに進化を続けても、地上的存在《そんざい》に変わりはない。

しかし、地上的なものに天的なものが上から流《なが》れ込《こ》んでくる、流入ということが大事である。私たちに、天来の高次な生命が流入しさえすれば、飛躍《ひやく》できる。人が昇《のぼ》るのではなく、神が降《くだ》るんです。ここに救いがあります。

無量の神霊

人間が地上界をどれだけ積み上げましても、バベル*の塔《とう》であって、それが天には達しない。天自らが裂《さ》けて、神の生命を注ぐということがなければ、天はわからないんです。

イエス・キリストは人間でしたが、神の霊をもつ人でした。私たちも同様に、人間ではあるけれども、天に接し、天の生命を受ける者でなければなりません。キリストの霊を受けて、私たちは新しい人間となるんです。

「神がおつかわしになったかたは、神の言葉を語る。神は聖霊を限りなく賜《たま》うから

である。父は御子《みこ》を愛して、万物《ばんぶつ》をその手にお与《あた》えになった」。（三章三四、三五節）

イエス・キリストは、神の言葉を語りました。旧約の預言者のように「私は御霊《みたま》に感じた」とか「御言葉を語る」というようなものではなく、深いところから神の言葉がほとばしるように語ることができました。それはなぜかというと、神がお遣《つか》わしになる者に対して、神は御霊を限りなく賜《たま》うからです。

この「ου《ウー》 ～ εκ《エク》 μετρου《メトルー》 限りなく」と訳《やく》されたギリシア語は、むしろ「量りなく」です。「枡《ます》や秤《はかり》で量ることができないほど、神の霊を無制限に与えられる」という意味です。時間的に言えば永遠であり、量的に言えば尽《つ》きない泉《いずみ》のように無量の神霊をもつ者、それが神に遣わされた者である。ヨハネはこう言って、キリストを紹介《しょうかい》しております。

同様に今も、神から遣わされる人には、溢《あふ》れるようにキリストの御霊が滾《たぎ》るものです。聖霊が注がれるということは、一回きりではありません。量りなく、いつまでも注がれつづけています。私たちはそれを汲《く》んで、清められ高められてゆくことができます。

どうぞ、幼《おさな》い者も年取った者も、日々この生命《いのち》に潤《うるお》されたいものです。明日があると思って、先延《さきの》ばしにしては相成りません。無量の生命なんですから、今日から、それを用いて生きたらよいと思います。

思い切って試《ため》してみよ

こんな話が伝わっております。

昔、紀州の殿様《とのさま》で徳川頼宣《よりのぶ》*という人がいました。

頼宣の初陣《ういじん》は大坂冬の陣《じん》でした。その翌年《よくねん》の夏の陣でのことです。十四歳《さい》の頼宣は、先陣を切りたいと願いましたが、いつまで経《た》っても出陣させてもらえない。とうとう怒《おこ》って、

「なぜ出陣させないのか」と言うと、

「あなたは権現様《ごんげんさま》(徳川家康《いえやす》)のお子であるから、大事になさらなくてはなりません」

「自分が値打《ねう》ちのある者かどうか、試してみなくてはわからないではないか」

「いや、まだお若《わか》いですから……」

「ほんとうに権現様の子ならば、若くても手柄《てがら》を立てるはずだ!」

頼宣は勇ましく敵陣《てきじん》に飛《と》び込《こ》んで、立派《りっぱ》に手柄《てがら》を立てました。やがて頼宣は、御三家《ごさんけ》の一つである紀州徳川家の祖となりました。

これは戦《いくさ》の話ですから、あまり適当ではないかもしれませんが、私たちもキリストの弟子《でし》として、じっとしておったのでは駄目《だめ》ですね。聖霊を量りなく賜《たまわ》るのですから、試《ため》してみることが大事です。安易な生き方をしておっては、悔《く》いを残します。

キリストに従《したが》わない者

「御子《みこ》を信じる（信じている）者は永遠の命《ゾーエー》をもつ。御子に従わない者は、命にあずかることがないばかりか、神の怒《いか》りがその上にとどまるのである」。（三章三六節）

使徒ヨハネは、愛の使徒と呼《よ》ばれるくらい愛の深い人でした。そのヨハネが書いたこの福音書に、「神の怒りがとどまる」などと書いてあるのを見ると、何かの間違《まちが》いではないだろうか、と思います。しかし、そうではありません。

ここでヨハネが言っている意味は、人間の知らない愛の世界、神様の不思議な恵《めぐ》みの世界があるということです。神様は人間を愛すればこそ、忍耐《にんたい》して、何とかその愛を味わってほしいと思って、人間を高い世界に引き上げようとされますけれども、人はなかなかその愛を受け入れない。神様がせっかく「御子《みこ》を信じる者は永遠の生命をもつ。この生命で生きなさい、これで救われるのだ」と言われましても、「いや、私はいりません」と言ったら、滅《ほろ》ぶ以外にない。そのまま神の怒《いか》りが残るだけに終わってしまいます。神に反抗《はんこう》する者には、愛のない砂漠《さばく》のような荒野《あらの》が残るということです。

祈ります。

キリストの父なる神様、心から御名を賛美いたします。

私たちは、地上の闇《やみ》の中に閉《と》じ込《こ》められて、うごめいていた魂でしたけれども、あなたが尊《とうと》い御血汐《おんちしお》を注いで贖《あがな》ってくださいましたことを感謝いたします。それからというもの、見るもの聞くものすべてが変わって、私たちは同じ人間でありながら、普通《ふつう》の人と違《ちが》う道を歩きはじめていることを知って、心から感謝します。

神様、ほんとうにあなたは大きなご愛をもって、人類を救おうとしておられます。

しかるに私たちは、そのご愛に背《そむ》いて抵抗《ていこう》ばかりしております。あなたのご愛を拒《こば》んで、愛のない砂漠《さばく》のような怒《いか》りの世界に取り残されるならば、私たち人類は大変でございます。この愚《ぐ》を踏《ふ》まないように、魂の目覚めをしなければなりません。どうぞ、お父様、教えてください。導いてください。一人ひとりを諭《さと》し、なすべきことを語ってくださいますようにお願いいたします。

どうぞ、全日本に散りて宿れる神の族《やから》を顧《かえり》み、また世界各国にあなたが選び導こうとしておられる霊魂を、どうぞ顧みてくださるようお願いいたします。

（一九七三年一月二十八日）

＊バベルの塔《とう》…旧約聖書の創世記《そうせいき》一一章に記されている伝説の塔。バベル（バビロン）の町に、天に届《とど》くような高い塔を築こうとした人間のおごりを神が怒り、それまで一つだった言語を混乱《こんらん》させたので、塔は未完成に終わったという。

＊徳川頼宣…一六〇二～一六七一年。江戸初期の大名。徳川家康の第十男。

〔第一五講　聖句　ヨハネ伝四章一～二六節〕

1イエスが、ヨハネよりも多く弟子《でし》をつくり、またバプテスマを授《さず》けておられる
ということを、パリサイ人たちが聞き、それを主が知られたとき、2（しかし、イ
エスみずからが、バプテスマをお授けになったのではなく、その弟子たちであっ
た）3ユダヤを去って、またガリラヤへ行かれた。
4しかし、イエスはサマリヤを通過しなければならなかった。5そこで、イエス
はサマリヤのスカルという町においでになった。この町は、ヤコブがその子ヨセフ
に与《あた》えた土地の近くにあったが、6そこにヤコブの井戸《いど》があった。イエスは旅の疲《つか》
れを覚えて、そのまま、この井戸のそばにすわっておられた。時は昼の十二時ごろ
であった。
7ひとりのサマリヤの女が水をくみにきたので、イエスはこの女に、「水を飲ま
せて下さい」と言われた。8弟子たちは食物を買いに町に行っていたのである。
9すると、サマリヤの女はイエスに言った、「あなたはユダヤ人でありながら、

どうしてサマリヤの女のわたしに、飲ませてくれとおっしゃるのですか」。これは、
ユダヤ人はサマリヤ人と交際していなかったからである。
10イエスは答えて言われた、「もしあなたが神の賜物《たまもの》のことを知り、また、『水を
飲ませてくれ』と言った者が、だれであるか知っていたならば、あなたの方から願
い出て、その人から生ける水をもらったことであろう」。11女はイエスに言った、
「主よ、あなたは、くむ物をお持ちにならず、その上、井戸《いど》は深いのです。その生
ける水を、どこから手に入れるのですか。12あなたは、この井戸を下さったわたし
たちの父ヤコブよりも、偉《えら》いかたなのですか。ヤコブ自身も飲み、その子らも、そ
の家畜《かちく》も、この井戸から飲んだのですが」。
13イエスは女に答えて言われた、「この水を飲む者はだれでも、またかわくであ
ろう。14しかし、わたしが与《あた》える水を飲む者は、いつまでも、かわくことがないば
かりか、わたしが与える水は、その人のうちで泉《いずみ》となり、永遠の命に至《いた》る水が、わ
きあがるであろう」。15女はイエスに言った、「主よ、わたしがかわくことがなく、
また、ここにくみにこなくてもよいように、その水をわたしに下さい」。

16イエスは女に言われた、「あなたの夫を呼《よ》びに行って、ここに連れてきなさい」。
17女は答えて言った、「わたしには夫はありません」。イエスは女に言われた、「夫
がないと言ったのは、もっともだ。18あなたには五人の夫があったが、今のはあな
たの夫ではない。あなたの言葉のとおりである」。
19女はイエスに言った、「主よ、わたしはあなたを預言者と見ます。20わたした
ちの先祖は、この山で礼拝《れいはい》をしたのですが、あなたがたは礼拝すべき場所は、エル
サレムにあると言っています」。
21イエスは女に言われた、「女よ、わたしの言うことを信じなさい。あなたがた
が、この山でも、またエルサレムでもない所で、父を礼拝する時が来る。22あなた
がたは自分の知らないものを拝《おが》んでいるが、わたしたちは知っているかたを礼拝し
ている。救いはユダヤ人から来るからである。
23しかし、まことの礼拝をする者たちが、霊とまこととをもって父を礼拝する時
が来る。そうだ、今きている。父は、このような礼拝をする者たちを求めておられ
るからである。24神は霊であるから、礼拝をする者も、霊とまこととをもって礼拝

すべきである」。
25女はイエスに言った、「わたしは、キリストと呼《よ》ばれるメシヤがこられること
を知っています。そのかたがこられたならば、わたしたちに、いっさいのことを知
らせて下さるでしょう」。
26イエスは女に言われた、「あなたと話をしているこのわたしが、それである」。

第一五講

霊と真《まこと》とをもって祈る

ヨハネ伝四章一〜二六節

イエス・キリストは、宗教の本場であるエルサレムにおいて宮潔《みやきよ》めをなさり、イスラエルの宗教の何たるかを訴《うった》えようとされましたが、かえって宗教家たちの反感を買いました。しかし、そういう中にあっても、宗教に造詣《ぞうけい》の深いニコデモのような人が訪《たず》ねてきました。

キリストはニコデモに対して、

「人は新たに、上より霊によって生まれなければ、神の国を見ることはできない」と説かれましたが、ニコデモは人間が新しく生まれ変わるなどということに、納得《なっとく》がゆきませんでした。

しかし、この四章では、ユダヤ人とは反目し合うサマリヤ人*の一人の女が、キリストと話すうちに心がすっかり変わってコンバージョン(回心)した経過が書いてあります。この一人の女が救われたことを通して、多くのサマリヤ人がキリストの許《もと》に引き寄せられ、大リバイバル(信仰復興)が起きてしまいました。

これこそ、キリストの伝道の何たるか、その秘訣《ひけつ》を教えてくれるところです。私は伝道を志してからというもの、常に模範《もはん》としてきたのは、教会の偉《えら》い先生方ではなく、イエス・キリストご自身がどうなさったか、ということでした。ですから、この箇所《かしょ》を幾度《いくど》も読んでは、自らの伝道の指針《ししん》とし、信仰を進める糧《かて》としてきました。

洗礼《せんれい》問題でユダヤを去る

イエスが、ヨハネよりも多く弟子《でし》をつくり、またバプテスマを授《さず》けておられるということを、パリサイ人たちが聞き、それを主が知られたとき、(しかし、イエスみずからが、バプテスマをお授けになったのではなく、その弟子たちであった)ユダヤを去って、またガリラヤへ行かれた。しかし、イエスはサマリヤを通過しなければならなかった。

(四章一～四節)

当時のイスラエルは、大きくいうと、ユダヤ、サマリヤ、ガリラヤの三つの地域《ちいき》に分かれていました。エルサレム付近一帯をユダヤといいますが、標高が七、八百メートルもある所で、東側にはユダの荒野《あらの》と呼《よ》ばれる不毛の地が続いています。

ユダヤの北方にあるサマリヤ地方は、割《わり》に肥沃《ひよく》な土地で、当時栄えていた地域です。けれども、そこに住むサマリヤ人は、紀元前八世紀にイスラエルの北半分がアッシリア帝国《ていこく》に侵略《しんりゃく》された時、多くの異民族《いみんぞく》が来て混血したために、純粋《じゅんすい》なユダヤ人ではありませんでした。血統の純潔を尊《とうと》ぶユダヤ人ですので、サマリヤ人とは絶交状態でした。

イスラエル最北部のガリラヤ地方は、イエス・キリストが主に活動された地域で、ガリラヤ湖もあって水に恵《めぐ》まれ、豊かに草木が茂《しげ》っております。

ユダヤの地において、イエス・キリストは洗礼者《せんれいしゃ》ヨハネよりも多くの弟子《でし》をつくり、バプテスマ(洗礼)を授《さず》けているという、あらぬ噂《うわさ》が立ちました。それを知られた時、教派《きょうは》心《しん》などもっておられないイエスとしては心外に思われたことでしょう。またキリストの目標は、水でバプテスマを授けるといったようなことではなく、聖霊によるバプテスマでしたから、ユダヤを立ち退《たの》かれ、弟子たちを連れて北のガリラヤへ向かわれました。

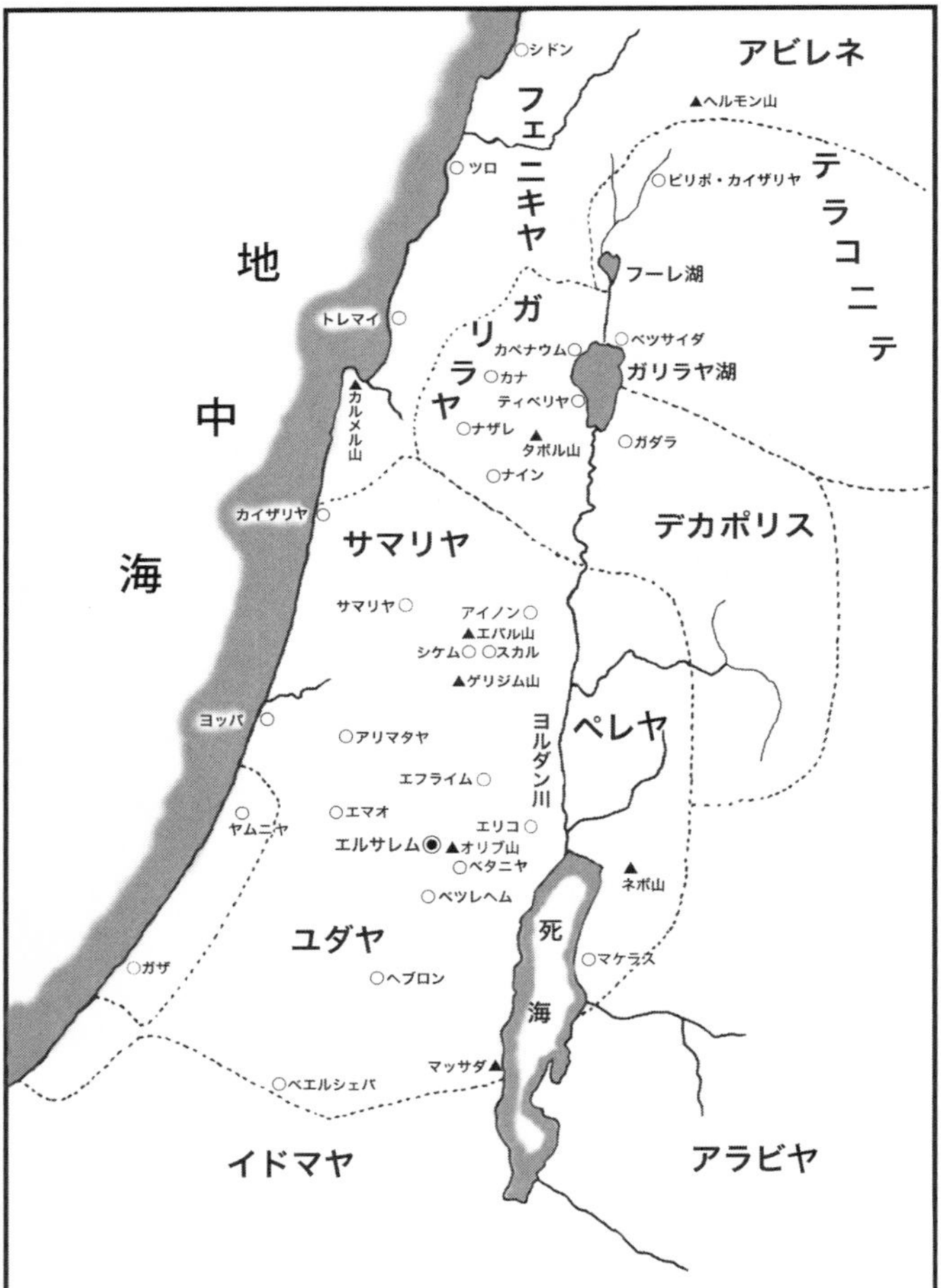

イエス時代のイスラエル

ガリラヤに行くには、ヨルダン川沿《がわぞ》いの楽な迂回路《うかいろ》もありましたが、イエスは近道のサマリヤを通ってでも、急遽《きゅうきょ》ガリラヤに退《ひ》こうとされた。道中、サマリヤ地方のアイノン（「泉《いずみ》の場所」の意）にいた洗礼者《せんれいしゃ》ヨハネに、最後の挨拶《あいさつ》をして去られたようです。

心に国境をもたぬ人

そこで、イエスはサマリヤのスカルという町においでになった。この町は、ヤコブがその子ヨセフに与《あた》えた土地の近くにあったが、そこにヤコブの井戸《いど》があった。イエスは旅の疲《つか》れを覚えて、そのまま、この井戸のそばにすわっておられた。時は昼の十二時ごろであった。（四章五、六節）

さて、サマリヤの中心部にあるシケムの近くに、スカルという小さな町がありました。そこにあるヤコブの井戸のほとりで、イエスは旅の疲れを覚えて座《すわ》り込《こ》んでしまわれた。不毛の地ユダヤ、またエルサレムですっかりお疲れになったようです。暑さや旅の疲れなどもあったでしょうが、それよりも精神的に非常に疲れられたのでしょう。こういうところを読むと慰《なぐさ》めになります。イエス様でもこうやって疲《つか》れたりなさったのなら、弱い私が疲れるのは当然で、それを頑張《がんば》ってどうにかするということではないのだと知ります。

ひとりのサマリヤの女が水をくみにきたので、イエスはこの女に、「水を飲ませて下さい」と言われた。弟子《でし》たちは食物を買いに町に行っていたのである。すると、サマリヤの女はイエスに言った、「あなたはユダヤ人でありながら、どうしてサマリヤの女のわたしに、飲ませてくれとおっしゃるのですか」。これは、ユダヤ人はサマリヤ人と交際していなかったからである。

（四章七～九節）

もう身動きもできぬくらいに疲れ、休みを求められたイエス・キリスト。そこへ一人のサマリヤの女が水を汲《く》みに来たので、イエスはこの女に「水を飲ませてくれ」と言われた。すると女はいぶかって、「互《たが》いにいがみ合って交際しない民族同士なのに、なぜサマリヤ人の私に、しかも女の私に飲ませてくれなんて言うのですか」と言い返しました。

ここに「*συγχραομαι*《シュンクラオマイ》 交際する」という語が出てきますが、これは「（器《うつわ》を）共同にする」という意味のギリシア語です。あちらの砂漠《さばく》地帯では、井戸《いど》は大事な共有財産ですから、他部族の者には飲ませません。飲むならば飲むなりの、礼儀《れいぎ》を尽《つ》くさなければなりません。そういう意味で、飲ませてくれと頼《たの》まれたのかもしれません。

あるいは、何かわけのありそうな女を見て、イエスは声をかけられたのかもしれません。

とにかく、「水を飲ませてくれ」と言われた。

当時、一般《いっぱん》のユダヤ人は、混血しているサマリヤ人に対して軽蔑《けいべつ》の念をもっていました。しかし、イエス・キリストには、そういう民族的な対立感情というものがなかった。

心の中に国境のない人でなければ、外国での本当の伝道はできません。日本には、アメリカなどからキリスト教の宣教師《せんきょうし》がやって来ますが、日本の事情を無視《むし》して自国流にしか説教をしないから、受け入れられない。あるいは、宗派《しゅうは》や教派が違《ちが》いますと、話が通じないだけではない、なかなか互《たが》いに話し合おうとはしません。

しかし、イエス・キリストは、そういう気持ちをもっておいでにならなかった。

ここでイエスは、疲《つか》れ果《は》てているのに、一人のサマリヤの女を見られると、声をかけずにはおられなかった、とあります。

何かを与《あた》えたいと願うキリスト

イエスは答えて言われた、「もしあなたが神の賜物《たまもの》のことを知り、また、『水を飲ませてくれ』と言った者が、だれであるか知っていたならば、あなたの方から願い出て、その人から生ける水をもらったことであろう」。女はイエスに言った、「主よ、あなたは、くむ物をお持ちにならず、その上、井戸《いど》は深いのです。その生ける水を、どこから手に入れるのですか。あなたは、この井戸を下さったわたしたちの父ヤコブよりも、偉《えら》いかたなのですか。ヤコブ自身も飲み、その子らも、その家畜《かちく》も、この井戸から飲んだのですが」。

（四章一〇～一二節）

ここに「賜物」とありますが、原文では「την《テーン》 δωρεαν《ドーレアン》」（無償《むしょう》の）賜物」と単数形で冠詞《かんし》がついていますから、ある特定の神の賜物のこと、すなわち聖霊の賜物を指しています。

また、「自分が誰《だれ》であるか知っていたならば」とありますが、こんなことをイエスはユダヤ人の中では言われていません。相手がサマリヤの女ですし、旅の途中《とちゅう》でしたから、ものの言いようが楽だったのかもしれません。

イエスは女に、「わたしが誰《だれ》であるかを知っていたならば、あなたのほうから願い出て、生ける水を貰《もら》ったことであろう」と言われた。

キリストは何かを与《あた》えたがっておられる。だが女は、「汲《く》む物を持たないくせに、水を与えるとは何だろう。しかも、この井戸《いど》は深いのに」と、低い次元において解釈《かいしゃく》する。乞食《こじき》のように旅塵《りょじん》にまみれ、疲《つか》れているイエス。しかしその本質は、全世界が今に至《いた》るまで救世主《メシア》として仰《あお》ぐような驚《おどろ》くべき存在《そんざい》であるけれども、女はそれに気がつかない。

「その生ける水は、どこから得られるんですか。あなたは、この井戸を下さった私たちの父ヤコブよりも偉《えら》くはないでしょうのに、まさか偉いとでも言うんですか」と、反語で答えています。

この時代から千数百年前のこと、イスラエル民族の父祖ヤコブは、遠くハランの地からこのシケムに帰ってきた時、まず井戸を掘《ほ》る必要がありました。この付近は割《わり》に水が豊富に出て井戸があるのですが、水をめぐっての周囲との争いを避《さ》けるために、自分たちの井戸を掘ろうとしたのでしょう。その井戸の深さは、三十メートル以上もありましょうか。

岩盤《がんばん》の下から湧《わ》き上《あ》がる地下水ですから冷たくて、あの付近一帯のアルカリ分の強い水に比べてうまいですね。

イエスの禅問答《ぜんもんどう》

イエスは女に答えて言われた、「この水を飲む者はだれでも、また（再び）かわくであろう。しかし、わたしが与《あた》える水を飲む者は（だれでも）、いつまでも（永遠に）、かわくことがないばかりか、わたしが与える水は、その人のうちで泉《いずみ》となり、永遠の命に至《いた》る水が、わきあがるであろう」。（四章一三、一四節）

ヤコブの井戸《いど》に、一人の女が十二時頃《ごろ》という真昼に水を汲《く》みにやって来た。向こうでは、大概《たいがい》は暑くない朝夕に水を汲むんです。それなのに昼に来たのですから、この女にはよほど事情があって、人目をはばかるようにやって来たことがわかります。キリストは、こんな女ならば話を聴《き》いてくれはしないか、と思われたのでしょうか。それで「いつまでも渇《かわ》くことのない水があるのだ」と話されたが、人間の肉体の中から

イエスとサマリヤの女（コッピング画）

永遠の生命《いのち》の水が湧《わ》き出《だ》すなどということは、女にはどうしてもわかりません。

ヤコブが三十メートルも井戸《いど》を掘《ほ》り下《さ》げ、厚い岩盤《がんばん》をボーリング（掘《くっ》削《さく》）してやっと得た水だというのに、妙《みょう》なことをこの乞食坊主《こじきぼうず》は言うな、としか考えられない。

女は、イエス様の話を霊の世界のこととして受け取れませんから、どうしても理解できないわけです。

またこのことは、知識的に進んだ人にはもっと困難《こんなん》です。イエス・キリストがどれだけ話しても、律法的《りっぽうてき》な宗教に熱心だというような人たちや、この世的な地位や名誉《めいよ》、家柄《いえがら》といったものを誇《ほこ》って生きる人たちは、こういう話になったらもうわかりません。

禅宗《ぜんしゅう》には次のような譬《たと》え話《ばなし》があります。

＊

ある山奥《やまおく》で、一人の老僧《ろうそう》がじっと谷底を見詰《みつ》めていた。

そこを通りかかった修行僧《しゅぎょうそう》が、

「如何《いか》なるか是《こ》れ祖師《そし》西来《せいらい》の意（達磨《＊だるま》大師が印度《インド》から支那《シナ》に来た目的は何か。ひいては、禅《ぜん》の神髄《しんずい》とはどのようなものか）」と問うた。

老僧は、柄《え》の長い柄杓《ひしゃく》を出して、

「渓《たに》深うして杓柄《しゃくへい》長し（谷が深ければ、柄杓は長い）」と答えた。

それを聞くと、修行僧はニコリと微笑《ほほえ》んで立ち去った。

＊

柄杓が長いといったって、はるか下方の谷底まで届《とど》くものか、と普通《ふつう》は考えます。

だが、そこが宗教という見えない世界のことです。悟《さと》りの世界は、見えない心の泉《いずみ》を汲《く》むようなことです。こういうことは、理屈《りくつ》で説明しても理解できませんから、禅では問答をするんです。

このイエスと女とのやりとりは、まさに禅問答ともいえる理屈を超《こ》えた問答です。

宗教の世界を今のキリスト教会のように、神学の論理《ろんり》として捉《とら》えようとするから、彼らが理解できないのは当然です。私たちのように、無邪気《むじゃき》にこの話を受け止める者のほうが理解しやすいですね。

心の傷《きず》に触《ふ》れて開ける世界

女はイエスに言った、「主よ、わたしがかわくことがなく、また、ここにくみにこなくてもよいように、その水をわたしに下さい」。イエスは女に言われた、「あなたの夫を呼《よ》びに行って、ここに連れてきなさい」。女は答えて言った、「わたしには夫はありません」。イエスは女に言われた、「夫がないと言ったのは、もっともだ。あなたには五人の夫があったが、今のはあなたの夫ではない。あなたの言葉のとおりである」。女はイエスに言った、「主よ、わたしはあなたを預言者と見ます」。（四章一五～一九節）

最初は目に見える水の話をしていたのに、ここでイエスは、「わたしが与《あた》える水を飲む者は、いつまでも渇《かわ》くことがない」と言われた。

「渇《かわ》くことのない水？　そんなことは理解できないが、それがあるというなら、とにかく下さい」というところまで、女の求める心が進んできました。ところがイエスは、「それじゃあ、ヨシ、その水をやろう」とはおっしゃいません。突然《とつぜん》に、「あなたの夫を呼《よ》びに行って、ここに連れてこい」と言われた。すると女は、「私には夫はありません」と答えた。

ここで「夫がないと言ったのは、もっともだ」とありますが、ギリシア語原文に則して読むと、「夫がいないと、よくも言った」です。よくぞ言ってくれた。また、「あなたの言葉のとおりである」は、「あなたは本当のことを(この真実を)言ってしまった」です。「あなたには五人の夫があった。今、あなたといる者はあなたの夫ではない。この真実をあなたは言ってしまった」(直訳《ちょくやく》)とイエスは言われた。それを聞いた女は、「主よ、私はあなたが預言者であると見ます」と言って、急に話が変わりました。

預言者というのは、最高の宗教人という意味です。これがターニング・ポイントです。ここから宗教が始まる。それまでは、どうも低い次元の話だけで、「もう水汲《みずく》みに来なくていいような水があるなら、下さい」という程度でした。

だが、「夫を連れてこい」とのイエスの言葉に、女は嘘《うそ》を言わなかった。自分の恥《はじ》もさらけ出して、真実ありのままを告白しました。五人の夫に捨《す》てられて、今は男と同棲《どうせい》していても本当の夫婦ではない。世間には夫婦と認《みと》められないような関係。恥《は》ずかしいだろうが、イエスはこうやって、女がいちばん触《さわ》ってほしくない弱点に触《ふ》れられました。その時、ついに女の心に宗教の世界が開けました。

父祖ヤコブが岩盤《がんばん》をボーリングして井戸《いど》を掘《ほ》ったように、キリストが女の心の痛《いた》みをボーリングしたら、生命《いのち》の水が湧《わ》き出《だ》してきたのです。これがイエス・キリストの伝道であります。こういうところを読むと、伝道といっても、ただお説教しても駄目《だめ》ですね。

赤裸々《せきらら》に神の前に立つ

この前の日曜日に、この集会で、次々と女の方たちが証《あか》しをなさいました。私は聞きながら、東京の幕屋《まくや》の婦人たちは信仰的に進みなさったな、と思って嬉《うれ》しくてなりませんでした。それは、多くの人の前で、赤裸々に自分の恥ずかしい過去を証しできるということです。普通《ふつう》でしたら、勇気を出したってできるものではありません。けれども、過去なんかはもうないかのように、他人事《ひとごと》のように言える。それは、自分がキリストに捉《とら》えられたという、大きな喜びがあるからですね。

A子さんのように、「私は私生児です。大きなお屋敷《やしき》に住んでおりましたけれど、お母さんと呼《よ》ばなければならない父の妻妾《さいしょう》が何人もおりました」などということが、皆《みな》の前で言えるものですか。しかし、そういうことを言って過《す》ぎ越《こ》せるというところに、信仰の進歩を見ることができます。

イエス・キリストはサマリヤの女に、永遠の生命《いのち》の水が湧《わ》くことについて語られました。永遠の生命の水とは、聖霊のことです。ヨハネ伝七章に、

「イエスは立って、叫《さけ》んで言われた、『だれでもかわく者は、わたしのところにきて飲むがよい。わたしを信じる者は、聖書に書いてあるとおり、その腹《はら》から生ける水が川となって流れ出るであろう』。これは、イエスを信じる人々が受けようとしている御霊《みたま》をさして言われたのである」(三七〜三九節)とあるとおりです。

聖なる神の御霊が、腹から川のように湧き出る人間。

そのような人間になるためには、もう地上の世界を打《う》ち捨《す》てて、もっと高嶺《たかね》に登ろうと

しなければならない。そのためには気の毒だけれども、イエスは女の不幸な境遇《きょうぐう》を言わせた。そして「よくぞ本当のことを言ってくれた」と言ってお褒《ほ》めでした。

神の前に立つときにいちばん大事なことは、虚栄虚飾《きょえいきょしょく》を去り、偽《いつわ》らない自分であること、それです。彼女は偽りませんでした。

宗教の町エルサレムでは、お祭りのやり方はどうだ、儀式《ぎしき》はどうだ、と信仰がすべて外側の事柄《ことがら》とされていた。そんな有り様では、罪のゆえにボロボロで、神の御前《みまえ》に出ることができないような自分の本質をさらけ出す、ということはなかなかできません。

宗教は私たちの心の内部の問題です。痛《いた》いところに触《ふ》れるような出来事がない限り、人間は表面をごまかします。そして、いつまでも本当のところに触《さわ》らせません。しかし、それでは魂の根本的な救いというものは得られない。

ですから私は、人が悪いけれども、よく冗談《じょうだん》を言ってでも、その人の痛いところに触れようとするんです。悪いクセだと言われるかもしれませんが、イエス様を見ると、負けずにやろうと思う。魂の奥底《おくそこ》に届《とど》く話でないならば、救いにはならないんです。

こういう伝道は、普通《ふつう》の教会ではしません。だが、私たちは皆《みな》、サマリヤの女のような状況《じょうきょう》から救われたんです。赤裸々《せきらら》に自分の傷《きず》も出し合って、かばい合ってゆこうとするのが、原始《げんし》福音《ふくいん》の信仰です。

霊的実在の中で拝《はい》する

「わたしたちの先祖は、この山で礼拝をしたのですが、あなたがたは礼拝すべき場所は、エルサレムにあると言っています」。（四章二〇節）

ここで「この山」というのは、シケムの南西側にあるゲリジム山のことです。心が開けた女は、「自分たちの祖先は皆《みな》、このゲリジム山上で神を礼拝しました。しかし、あなたがたユダヤ人は、拝すべき所はエルサレムだと言う。どちらが本当の礼拝所なのでしょうか」と、宗教の核心《かくしん》に迫《せま》り、礼拝の問題に触《ふ》れてきました。

イエスは女に言われた、「女よ、わたしの言うことを信じなさい。あなたがたが、この山でも、またエルサレムでもない所で、父を礼拝する時が来る。あなたがたは自分の知らないものを拝《おが》んでいるが、わたしたちは知っているかたを礼拝《れいはい》している。救いはユダヤ人から来るからである。しかし、まことの礼拝をする者たちが、霊とまことをもって父を礼拝する時が来る。そうだ、今きている。父は、このような礼拝をする者たちを求めておられるからである。神は霊であるから、礼拝をする者も、霊とまこととをもって礼拝すべきである」。

（四章二一〜二四節）

「この山でもなく、またエルサレムでもない所で、あなたがたが（ひとりの）父を礼拝する時が来る」。

「この山で」とか「エルサレムで」などと言って、神への礼拝を地域的《ちいきてき》に縛《しば》っている宗教界に対して、どこでも神を拝することができる、とキリストは言われた。しかも、ユダヤ人だけではない、蔑《さげす》まれたサマリヤ人に対しても、「神は父である、わたしたちすべては兄弟である」と、偉大《いだい》な真理を語られました。このことは、当時なかった革命的《かくめいてき》宗教思想です。

「そうだ、今だ。真《まこと》の礼拝をする者たちが霊と真とにおいて父を拝する時が来ている」。

霊と真《まこと》とは二つのことではありません。霊的な真実、真実な霊をもって、ということです。また、真というのは哲学的《てつがくてき》な真理ではなくて、「reality《リアリティー》(真実、現実、実在)」です。そのような霊的リアリティーの中で拝《はい》する時が来る。彼女が、水を汲《く》みに来たことも忘《わす》れて心が燃えはじめ、目が輝《かがや》くのを見てか、イエス・キリストは「そうだ、今きている！」と言われました。

ここまで来ると、不思議に回心を起こすものです。

女と語りつつある間に濃厚《のうこう》な霊的雰囲気《ふんいき》に浸《ひた》られ、「今だ！」と言って、惜《お》しげもなく宗教的な大真理をこの女のために明かされたキリスト。こうなると、宗教を語るということは、一般《いっぱん》の人が思っているような頭のこと、知識のこととはずいぶん違《ちが》うとわかります。

「父なる神は、このように拝する者を求めておられる」。

内側から込《こ》み上《あ》げる新鮮《しんせん》な生命《いのち》の水、この水が溢《あふ》れ出《で》るような人を神は探《さが》し求《もと》めておられるというんです。神様は、どんな人にボーリングして、心の深い奥底《おくそこ》から噴《ふ》き上《あ》げる井《い》戸《ど》をお掘《ほ》りになるか。選ばれたのはこのような女でした。学問もなく、人目を避《さ》けて生きるような生涯《しょうがい》。しかし、こういう人から福音が始まるんです。

私たちも、たとえ人の前に出ることのできないようなつまらぬ人間であったとしても、もし神に祝福される喜びに入ったならば、内側から生命《いのち》の水が込《こ》み上《あ》げてきます。

「私がそれだ！」

女はイエスに言った、「わたしは、キリストと呼《よ》ばれるメシヤがこられることを知っています。そのかたがこられたならば、わたしたちに、いっさいのことを知らせて下さるでしょう」。イエスは女に言われた、「あなたと話をしているこのわたしが、それである」。（四章二五、二六節）

ついにキリストは、ご自分の本質を打ち明けられました。最高の宗教家であるニコデモにも明かされなかった秘密《ひみつ》を、この卑《いや》しい女に打ち明けられた。ここで女は、メシアなるキリストを「εκεινος《エケイノス》　そのかた」と三人称《さんにんしょう》で呼んでいますが、キリストは「εγω ειμι《エゴー エイミ》　わたしがそれだ」と言われた。その時、遠くの神様ではなく、直《じか》に神の人に対座《たいざ》するような状況《じょうきょう》になった。

多くの神学者やクリスチャンたちは「そのかた」と言って三人称《さんにんしょう》の神を信ずるにとどまっているが、救いの経験は、今、「我である!」という者に出会うことです。ここに霊的な、真実な神発見があります。

エルサレムで、ユダヤで、すっかり疲《つか》れてしまわれたイエス・キリストが、この井戸端《いどばた》に一人の哀《あわ》れな女が来た時に、疲れを忘《わす》れて語りはじめられた。そして、この一人の女を救うことによって、サマリヤに最初のリバイバルを起こすことができました。

四章三九節以下に、

「さて、この町からきた多くのサマリヤ人は、『この人は、わたしのしたことを何もかも言いあてた』とあかしした女の言葉によって、イエスを信じた。そこで、サマリヤ人たちはイエスのもとにきて、自分たちのところに滞在《たいざい》していただきたいと願ったので、イエスはそこにふつか滞在された。そしてなお多くの人々が、イエスの言葉を聞いて信じた」(三九~四一節)と書いてあります。

一人の人が救われることによって、多くの人が救われた。彼女は後に、初代教会の基礎《きそ》となる一人として、東方正教会では聖フォーティナ(「光《ひか》り輝《かがや》く」の意)と呼《よ》ばれる聖女*となった、と言い伝えられています。

キリストが問答しつつ、霊と真《まこと》が濃厚《のうこう》に覆《おお》いはじめたのを感じられた時に、「さあ今だ！」とばかりに真理を語られたら、サマリヤの女はすっかりリバイバルしました。そのことによって、その町の皆《みな》もリバイバルして、サマリヤ人とユダヤ人という人種的偏見《へんけん》、宗派《しゅうは》的《てき》偏見といったものをすべて超《こ》えることができました。

私たちは、キリストが与《あた》えようとなさる、そのような神の生命《いのち》に与《あずか》りとうございます。

（一九七三年二月四日、十一日）

＊この講話は、二月四日と十一日に語られたものを、合わせて編集しました。十一日の手島郁郎は体調がすぐれず、短く講話を終わり、聖書の箇所《かしょ》も重複することから、一つにしてあります。

＊サマリヤ…サマリヤ地方と呼《よ》ばれるようになったのは、ソロモン王が亡《な》くなった後、イスラエルの国が二つに分かれ、サマリヤの町が北王国の首都として建設されてからである。その後、紀元前七二二年に北王国はアッシリアによって滅《ほろ》ぼされ、アッシリアは各地から異民族《いみんぞく》を移してサマリヤ地方の町々に住まわせた。これら異民族が残存《ざんぞん》イスラエル人と混血して生まれたの

がサマリヤ人である。この混血と異教との混合のために、ユダヤ人から排斥された。

*達磨大師…禅宗の始祖。南インドに生まれ、六世紀初頭に正法を伝えるために中国に渡った。

*聖フォーティナ…本講に出てくるサマリヤの女は、その後、キリストの愛弟子ヨハネと共に海の彼方のエペソまで渡り、最後まで主イエスの身代わりとなって母マリヤに孝養を尽くしたと伝えられる。

〔第一六講　聖句　ヨハネ伝四章二七〜四二節〕

27そのとき、弟子《でし》たちが帰って来て、イエスがひとりの女と話しておられるのを
見て不思議に思ったが、しかし、「何を求めておられますか」とも、「何を彼女と話
しておられるのですか」とも、尋《たず》ねる者はひとりもなかった。
28この女は水がめをそのままそこに置いて町に行き、人々に言った、29「わたし
のしたことを何もかも、言いあてた人がいます。さあ、見にきてごらんなさい。も
しかしたら、この人がキリストかも知れません」。30人々は町を出て、ぞくぞくと
イエスのところへ行った。
31その間に弟子たちはイエスに、「先生、召《め》しあがってください」とすすめた。
32ところが、イエスは言われた、「わたしには、あなたがたの知らない食物がある」。
33そこで、弟子たちが互《たが》いに言った、「だれかが、何か食べるものを持ってきてさ
しあげたのであろうか」。
34イエスは彼らに言われた、「わたしの食物というのは、わたしをつかわされた

かたのみこころを行い、そのみわざをなし遂《と》げることである。
35あなたがたは、刈入《かりい》れ時が来るまでには、まだ四か月あると、言っているでは
ないか。しかし、わたしはあなたがたに言う。目をあげて畑を見なさい。はや色づ
いて刈入れを待っている。36刈る者は報酬《ほうしゅう》を受けて、永遠の命に至《いた》る実を集めてい
る。まく者も刈る者も、共々に喜ぶためである。
37そこで、『ひとりがまき、ひとりが刈る』ということわざが、ほんとうのこと
となる。38わたしは、あなたがたをつかわして、あなたがたがそのために労苦しな
かったものを刈りとらせた。ほかの人々が労苦し、あなたがたは、彼らの労苦の実
にあずかっているのである」。
39さて、この町からきた多くのサマリヤ人は、「この人は、わたしのしたことを
何もかも言いあてた」とあかしした女の言葉によって、イエスを信じた。40そこで、
サマリヤ人たちはイエスのもとにきて、自分たちのところに滞在《たいざい》していただきたい
と願ったので、イエスはそこにふつか滞在された。
41そしてなお多くの人々が、イエスの言葉を聞いて信じた。

42彼らは女に言った、「わたしたちが信じるのは、もうあなたが話してくれたからではない。自分自身で親しく聞いて、この人こそまことに世の救い主であることが、わかったからである」。

第一六講

遣《つか》わされる者の喜び

ヨハネ伝四章二七〜四二節

イエス・キリストは、サマリヤの井戸端《いどばた》で、人目を避《さ》けて水を汲《く》みに来た一人の女に出会いました。彼女は、五人の夫から捨《す》てられた気の毒な婦人でした。イエスが彼女に「水を飲ませてほしい」と言われたところから、生命《いのち》の水についての問答が始まります。岩盤《がんばん》を掘削《くっさく》するようにイエスが女の心に触《ふ》れ、その不幸な境遇《きょうぐう》を言い当てられると、彼女の心の中にも生命の水が湧《わ》きはじめたのでした。

心を燃やして福音《ふくいん》を説く

そのとき、弟子《でし》たちが帰って来て、イエスがひとりの女と話しておられるのを見て不思議に思った(驚《おどろ》き怪《あや》しんだ)が、しかし、「何を求めておられますか」とも、「何を彼女と話しておられるのですか」とも、尋《たず》ねる(言う)者はひとりもなかった。この女は水がめをそのままそこに置いて町に行き、人々に言った、「わたしのしたことを何もかも、言いあてた(言った)人がいます。さあ、見にきてごらんなさい。もしかしたら、この人がキリストかも知れません」。人々は町を出て、ぞくぞくとイエスのところへ行った。

(四章二七～三〇節)

弟子《でし》たちが食物の買い出しから戻《もど》ってみると、イエス先生はサマリヤの女と何か熱中して話しておられる。うちの先生は変だなあ、という印象を弟子たちはもちました。もつのが当然です。中近東では今でも、女の人に対する接し方がやかましく、道端《みちばた》で女性をじっと見たり、知らない者が話しかけるなどということはしません。ましてやイエスは、宗教を説くラビ(教師)ですから、見知らぬ女と話すなどとは、弟子たちは見てはならないものを見たような気持ちになったでしょう。それで何も言わなかった、とあります。

しかし、これがイエスの宗教でありまして、ほんとうに心が燃やされているときには、男女の違《ちが》いなどといったことは感じない。渇《かわ》き求める者に、この聖霊にある喜びを伝えようと思いましたら、人の目を気にしたりしないですね。

ユダヤ人とは交わらないサマリヤ人でしたが、イエスが夢中になって福音を説かれたので、女はすっかり心を燃やされて、持っていた水甕《みずがめ》もそこに置いたまま町に帰ってしまった。女は町の人々に、「私の過去をすべて言い当てた、偉《えら》い人に会いました。この人はメシアではないでしょうか。この人を見に、ちょっと来てごらんなさい」と、大発見をしたように告げました。そうしたら、町の人々がぞくぞくとイエスの許《もと》にやって来た、というんです。

霊的な食物とは

その間に弟子《でし》たちはイエスに、「先生、召《め》しあがってください」とすすめた。ところが、イエスは言われた、「わたしには、あなたがたの知らない食物がある」。そこで、弟子たちが互《たが》いに言った、「だれかが、何か食べるものを持ってきてさしあげたのであろうか」。イエスは彼らに言われた、「わたしの食物というのは、わたしをつかわされたかたのみこころを行い、そのみわざをなし遂《と》げることである」。

（四章三一～三四節）

サマリヤの女が町の人々を呼《よ》びに行っている間、弟子《でし》たちは食べ物を勧《すす》めたが、イエスはもう心がいっぱいで欲《ほ》しいとも思われない。そして、「わたしには、あなたがたの知らない食物がある」と言われた。

伝道によって一人の神の子が生まれた満足感、これこそキリストの無上の食物、魂の糧《かて》でした。だが弟子たちは、誰《だれ》かが何か食べ物を持ってきたのではないか、といって話が通じません。食物といえば、腹《はら》の中に収《おさ》める食物しか考えないからです。

しかし人間は、食物以外のいろいろなものによって養われています。

たとえば、ここにいる長井充《みつる》先生はピアニストですが、この人はピアノを弾《ひ》くのが嬉《うれ》しくてしょうがないんです。彼の心の食物は音楽です。あるいは、絵が好きな人にとっては、美しい美術品を見ることが心の糧です。短歌を作る人は、歌を詠《よ》むことで満足なんです。このような精神的な糧についてイエス様は言おうとしておられるけれども、弟子たちにはわかりませんでした。

私は、特別集会などをする時には、数日間ほとんど食べません。一つには、声がつぶれるからですが、あの人この人のことを心配したり、精神労働をする時には胃が何も受け付けません。また、聖霊に満たされると、その喜びに食欲《しょくよく》を忘《わす》れます。

イエス・キリストが、気の毒なサマリヤの女に神の道を説きつつある間に、女の心から永遠の生命に至《いた》る水、聖霊が湧《わ》き出《だ》した。女がリバイバル（信仰復興）すると、サマリヤの多くの人が神を崇《あが》め、キリストを慕《した》うようになった。

こういうことが起きはじめますと、もう嬉《うれ》しくてたまらないですね。

私たちは、このように心を燃やしてやまない宗教に触《ふ》れたら、もう何もいらない心地《ここち》になる。その時に、貧乏《びんぼう》が苦になりません。また不遇《ふぐう》な状況《じょうきょう》に置かれたって苦になりません。人がうらやましく見えるような状況でも、自分が満足しておったら気にならない。

たとえば、幕屋《まくや》の聖会に集《つど》って聖霊の恵《めぐ》みに与《あずか》った時には、もう嬉しくて嬉しくて、今までなんとつまらないことに引っかかっていたのだろう、煩悩《ぼんのう》に引っかかっていたのだろう、と自分がおかしいくらいになります。

「遣《つか》わされる」という意識

「わたしの食物は、わたしを遣わされたかたの御心《みこころ》（願い、意思）を行い（実行し）、その御業《みわざ》を成《な》し遂《と》げる（完成する）ことである」（四章三四節）

イエス・キリストは、食べることも休むことも忘《わす》れて心を燃やし、暑いさなかに喉《のど》の渇《かわ》きも忘れて、サマリヤの女に話しかけられた。

その秘密《ひみつ》は、神の御心を行なう喜びでした。

自分は神に遣わされた人間であって、遣わされた方の御心を行なうことが糧《かて》であり満足である。これがイエス・キリストの意識だった。キリストは、このように「神様から遣わされた者である」という意識が非常に強くあるお方でした。

ヨハネ伝では、この「πεμπω《ペムポー》　遣わす、送る」という語を、キリストは三十回も使っておられます。また「αποστελλω《アポステロー》（使命を与《あた》えて）遣わす」という語は、十七回も使っておられる。さらにヨハネ伝の随所《ずいしょ》で、「わたしは無力であって、自分からは何もできない。ただわたしを遣わされた天の父に示されるままに行なうだけだ」と言っておられます。

お一人おひとり、自分の願いは願いでいいでしょう。しかし、自分の意思といったようなものよりも、もっと大事なものがある。イエス・キリストは、神に聴《き》いて、自分が地上に遣《つか》わされたその使命を果たそう、果たそうとしておられた。神に示されるままにやったら、大きな祝福を得られるんです。

神の御旨《みむね》を成《な》し遂《と》げる信仰

私たちにも、神様は日々「何をせよ、かにをせよ」と御声をかけてくださる。それに対して、「ハイ、しましょう!」と従《したが》ってゆくのが信仰生活です。そして、ただ「しましょう」だけではありません。「成し遂げることだ」と言われる。そのために、イエスは夢中になって伝道された。こういう霊的な、宗教的な糧《かて》を、いつもキリストは得ておられた。このような楽しみを知らない人は不幸だと思います。

昨日、Y君が来て私に言いました。

「どうすれば信仰が増しますか?　なかなか私は信仰の進歩が鈍《にぶ》くて……」

「ぼくは、そんなことを考えないよ。昔は『わが信仰を増したまえ』などと祈ったけれども、今は毎日『神様、私は何をしましょうか、私はあなたに遣《つか》わされて、使命をもっている者です。今日、私があなたに対してなすべきことは何でしょうか』とお聴《き》きする。そうして御心《みこころ》を示されると、それをやろうとする。どうしたらよいかはわからないが、まずやろうと決心する」と答えました。

来月には、イスラエルへ聖地巡礼《じゅんれい》に行こうとしておりますが、神様は私に「若《わか》い人たちを連れてゆくように」とお示しになりました。それで、旅費のことも考えて人選しました。今日の集会では、何人かの若い学生たちが、聖地に行けるようになったことを喜んで話しました。私は神様から示されたとおりにする。いろいろ苦労はあるけれど、それで嬉《うれ》しいんです。

私のような腐《くさ》った魂が、神様に贖《あがな》われただけでもありがたいのであって、こんな魂が進歩するなんて考えられない。自分で何かができるものですか。ただ「神様、私はこのようなつまらない者ですが、できることがあったらさせてください」と、そう言うだけです。神様に言われたことを、毎日毎日行なう。そして、それを成《な》し遂《と》げようと思う。そうしたら、もう魂が満足するんですね。

人生に意味をもたせるもの

キリストは、神様から言われたことを行なうだけではない、それを成《な》し遂《と》げるまでは、もうなりふりかまわない。その目的が完成するまでは、どんなに苦しいことや辛《つら》いことがあっても苦痛《くつう》を覚えない。それが私の糧《かて》なのだ、と言われる。

しかし、多くの現代人の生活というものは、目的がないんです。生きる意味がないんです。したがって、生きがいのない人が多いんです。毎日重い足を運んで会社や学校に行く。そして、自分の心にもないことを学んだり、聞いたりする生活の繰《く》り返《かえ》し。これは、本当の宗教に触《ふ》れることがないからです。

そのような境遇《きょうぐう》にいたのが、サマリヤの女でした。

初めは理屈《りくつ》っぽく、くどくど言っていたのに、イエス・キリストとハートとハートが通うように触れた時、彼女はすっかり変わった。最後には、「あなたはキリスト(救世主《メシア》)ではないでしょうか!」と言いました。

キリストが来られることによって、社会が変わり、時代が変わり、歴史が変わる。それは長い間の聖書の信仰です。だが、エルサレムで出会ったユダヤ人の優秀《ゆうしゅう》な学者ニコデモでさえ、イエスをメシア（キリスト）であるとまでは言いませんでした。かえって、異邦人《いほうじん》であるサマリヤの無学な女、世の中で塵芥《ちりあくた》のように思われていた者が、イエスがキリストであることを見抜《みぬ》きました。

それだけではない、彼女はもうじっとしておられなくなって町に帰り、「不思議なことを大発見しました。一緒《いっしょ》に見に行きましょうよ」と言って回った。今まで、町でつまはじきにされていた女の言うことを、誰《だれ》が聞くものですか。しかし、彼女はわずかな時の間に変わってしまったんです。この一人の女を通して、サマリヤにリバイバルが起きました。その時、皆《みな》がイエス・キリストに「ぜひ自分たちのところに泊《と》まってください」と言って離《はな》さなかった。

このような、他の人にまで熱い心を湧《わ》かさせるような精神エネルギー、これは現代人が失っているものですね。そして、これこそ現代人が最も欲《ほっ》するものです。こういうものでもなければ、東京砂漠《さばく》では生きられません。

向こう三軒両隣《さんげんりょうどなり》、昔は仲良く暮《く》らしたものです。しかし、東京のような大都会は心の触《ふ》れ合《あ》いもなく、砂漠《さばく》のように冷たいです。どうしても、キリストがもっておられたような信仰が確立しない限り、現代人は救われません。

播《ま》くのと刈《か》るのが同時に

「あなたがたは、刈入れ時が来るまでには、まだ四か月あると、言っているではないか。しかし、わたしはあなたがたに言う。目をあげて畑を見なさい。はや色づいて刈入れを待っている。刈る者は報酬《ほうしゅう》を受けて、永遠の命に至《いた》る実を集めている。まく者も刈る者も、共々に喜ぶためである。そこで、『ひとりがまき、ひとりが刈る』ということわざが、ほんとうのこととなる。わたしは、あなたがたをつかわして、あなたがたがそのために労苦しなかったものを刈りとらせた。ほかの人々が労苦し、あなたがたは、彼らの労苦の実にあずかっているのである」。（四章三五～三八節）

「刈り入れまで四か月ある」とありますが、ふつう小麦の刈り入れは五、六月の頃《ころ》のことですから、この発言は二月頃のことになるでしょうか。だが、寒くて雨も多い二月頃に、

豊かに実るイスラエルの麦畑

イエス様が暑さでお疲《つか》れになったりはしないはずです。

そうするとこの言葉は、やはり気温が高く乾《かん》燥《そう》した、麦の刈《か》り入《い》れの時期に語られたことですね。ですから、単に麦の刈り入れのことを言われたのではないことがわかります。

ここで「*λευκος*《リューコス》 色づいた」と訳《やく》されたギリシア語は、「(麦の穂《ほ》が)白い、キラキラ光る」という意味です。日本では麦は黄色くなりますが、向こうでは白くなるんですね。ですから、「刈り入れに向けて白くなっているじゃないか」ということです。

エルサレムと違《ちが》って、このサマリヤでは刈り入れを待っている。白く色づいた麦畑を見ながら、白い衣《ころも》を着て神を賛美する人々が続々と生まれてくるようなビジョンを、イエス様は見られたに違《ちが》いない。

「あなたがたは、刈《か》り入《い》れまで四か月かかるというが、ここでは種を播《ま》いたら、もうこんなに刈り入れを待っているじゃないか。目を上げて見なさい」と、福音を伝えることについて言われた。

宗教は大概《たいがい》、何年も苦労してようやく果《み》が実るものです。しかし、イエス・キリストの宗教は、種を播くのと刈り入れとが同時であるという。植物でも、温度が高くならないと熟《じゅく》しません。同様に、伝道するほうも、されるほうも、自分を忘《わす》れるくらいに心を燃やす、熱っぽい生命《いのち》が滾《たぎ》るときに、伝道されるとすぐに収《しゅう》穫《かく》に入る。それは、キリストの愛のお心が、聖霊の愛が伝わるからです。ここに、私たち原始福音の伝道があります。

熱い血汐《ちしお》の通う伝道

伝道は、イエス・キリストの熱いお心を、熱い御血汐《おんちしお》を伝えることであって、何かの理《り》屈《くつ》を伝えたりして説得することではありません。説得して、よくわからせて、反省させて、考えさせてというなら、ずいぶん時間がかかります。

「播《ま》く者も刈《か》る者も、共々に喜ぶためである」と言われるように、播くのと刈るのとが同時の喜びになる。そういう伝道が行なわれていなければ、キリストの宗教は瞬《またた》く間《ま》に世界に伸《の》びはしなかったでしょう。

私たちが、原始福音運動を日本に展開《てんかい》するために必要なことは、この燃えるような熱い生命《いのち》を、お互《たが》いがぶっつけ合って伝えることです。よく「伝道は辛《つら》いでしょう、苦しいでしょう」などと言われますけれども、私はそう思いません。伝道は楽しいですね。そして、伝道が成功して、魂が救われる時に嬉《うれ》しいですね。この喜びはたとえようがありません。

熱い心があれば、冷えた人の魂も育ってゆく。よく言われますね、「どうしてこの人は、最近幕屋に入ってきたのに、こんないい信仰をもっているんでしょうか。なぜこのように、早くも宗教の神髄《しんずい》を得なさるんでしょうか」と。

それは、サマリヤの女に起きたようなことが起きるからです。彼女は、本を読んだり研究したりして変わったんじゃありません。彼女はキリストに触《ふ》れているうちに、生命の水が溢《あふ》れてきて、「ああ、この人に触《ふ》れるだけで、こんなに自分がみずみずしく潤《うるお》ってくるとは、これ何でしょう。このお方こそメシアに違《ちが》いない」と思いました。こういう伝道をしなければならないですね。また私たちは、こういう信仰のあり方をしなければならないと思うんです。

キリストの宗教の神髄《しんずい》である聖霊のご愛をぶっつけて、魂の岩盤《がんばん》が掘削《くっさく》され、生命《いのち》の水が湧《わ》き出《だ》す伝道。これは物質的な奇跡《きせき》以上の奇跡です。時間が短縮《たんしゅく》されて結果が現れる時に、それを奇跡と言いますが、ほんとうに播《ま》くのと刈《か》るのとが同時となる。

これがイエス・キリストによってもたらされた宗教です。

「わたしは、あなたがたをつかわして、あなたがたがそのために労苦しなかったものを刈りとらせた。ほかの人々が労苦し、あなたがたは、彼らの労苦の実にあずかっているのである」(四章三八節)

イエス・キリストは、独り十字架《じゅうじか》を負って労苦されました。しかしそのおかげで、私たちはこうやって楽々と、あまりにも早く恵《めぐ》みの世界に入れられたことを思うと、ありがたくてなりません。

ただキリストに倣《なら》って

さて、この町からきた多くのサマリヤ人は、「この人は、わたしのしたことを何もかも言いあてた」とあかしした女の言葉によって、イエスを信じた。そこで(それで)、サマリヤ人たちはイエスのもとにきて、自分たちのところに滞在《たいざい》していただきたいと願ったので、イエスはそこにふつか滞在された。そしてなお(ますます)多くの人々が、イエスの言葉を聞いて信じた。彼らは女に言った、「わたしたちが信じるのは、もうあなたが話してくれたからではない。自分自身で親しく聞いて、この人こそまことに世の救い主であることが、わかったから(見たから)である」。

(四章三九～四二節)

人目をはばかっていたような女一人から、大きな喜びが広がっていった。これは、イエス・キリストがなさった、最初のリバイバル伝道でありました。

私は伝道を始めた頃《ころ》、このヨハネ伝四章をどこに行ってもお話ししました。それによって自分が学びたかったからです。どうも今のキリスト教会の伝道と、イエス・キリストの伝道は違《ちが》うなと思ったからです。

どうしたらこの生命《いのち》の泉《いずみ》を、人々の心の底から、深層《しんそう》意識からボーリングして噴《ふ》き出《だ》させることができるのだろうか。播《ま》くのと刈《か》るのと同時の伝道。こういう伝道をしなければ、とても伝道の成功はおぼつかないと思いました。

私が伝道を始めて二年ほど経《た》った時のことですが、尊敬《そんけい》していた無教会の先生の東京のお宅《たく》に伺《うかが》ったことがありました。その頃《ころ》の私は、上京する旅費の工面も大変で、わが家にあった売れ残りの商品(以前、真珠《しんじゅ》のギフトショップをしていた)などを持っていって、銀座《ぎんざ》の街角で立ち売りし、何とかお金を作ってお土産《みやげ》を買って行きました。

その時、人生半ばで伝道に立った私を先生は心配してくださって、「手島君、君は教会史の勉強をするといい。教会の裏面史《りめんし》は、本当の信仰を迫害《はくがい》した歴史だから、それを勉強したらいいと思う。三年やったら基礎《きそ》ができる。五年したら人が感心しはじめる。十年経《た》ったら、押《お》しも押されもせぬようになるよ」と言われました。

それでキリスト教書店に行ってみると、ラテン語などで書かれた教会史の本がいろいろあり、数冊《すうさつ》買って熊本の家に帰りました。だが、ラテン語なんて学力がないから読めませんし、今から教会史の勉強をして、その話を全国各地でしてみても、それで救われる人が出るだろうかと思いました。人間の知識や権威《けんい》で伝道して、それが本当だろうか。私の答えは「ノー(否《いな》)」でした。違《ちが》う、違う！　伝道はそんなことではない。私は私の道を歩こう。誰《だれ》か先生について学ぶんじゃない。神学者の説を受け売りするんじゃない。

イエス・キリストはどういう伝道をなさったか。そのことを思うにつけ、このヨハネ伝の箇所《かしょ》ばかりを、どこに行っても講義しました。

「イエス様、あなたが地上を歩きなさった時、どうだったんですか！　どうやって、この永遠の生命《いのち》の水を伝えられたのですか！」、そう言って自分を励《はげ》ましました。

それから私は、聖書だけの道をたどろう、イエス・キリストに学び、キリストだけを伝えればよいのだ、といよいよ思うようになりました。

あのニコデモのような宗教学者に伝道しても成功なさらず、サマリヤの女のような、見《み》る影《かげ》もない、雑草のような魂を見つけて福音を説かれたイエス・キリスト。そうして、多くの人に、キリストは永遠の生命の水を与《あた》えられたのです。このヨハネ伝四章は、私に大きな教訓を与えてくれた箇所です。

武士道的な宗教

ここでもう一度確認《かくにん》したいことは、イエス・キリストは、「わたしの食物は、わたしを遣《つか》わされた方の御心《みこころ》を行ない、その御業《みわざ》を成就《じょうじゅ》することである」と、はっきりした使命感に生きておられたことです。今のクリスチャンはこういう使命感をもって生きているでしょうか。

今から百年以上前、日本は武士階級が統治していました。当時の日本の人口が四千万人とすれば、わずか四十万人、百人に一人くらいが武士でした。だが武士たちは、いつでも自分の主君のためには、喜んで命を捨《す》てようという気持ちで生きておりました。主君のご馬前で死ぬことができたら、名誉《めいよ》だと思いました。今のクリスチャンは、主のためにそんなことを思いません。死んだらいけない、生きよう、生きようとする。しかし、キリストは言われました、

「自分の命を救おうと思う者はそれを失い、わたしのために自分の命を失う者は、それを救うであろう」(ルカ伝九章二四節)と。

ロマ書一四章七、八節は、私の特愛の聖句ですが、次のように書いてあります。「わたしたちのうち、だれひとり自分のために生きる者はなく、だれひとり自分のために死ぬ者はない。わたしたちは、生きるのも主のために生き、死ぬのも主のために死ぬ。だから、生きるにしても死ぬにしても、わたしたちは主のものなのである」。

これが初代のクリスチャンの信仰でした。

神から遣《つか》わされた使命、それを果たすことが満足であり、そのためには死んでもいいと使徒パウロは思いました。これは真に武士道の精神に通ずるものです。武士たちは皆《みな》、自分のためではなく主君のために生きました。自分の利益《りえき》を失い、損をすることがあっても、大きな光栄ある使命のために誇《ほこ》り高く生きました。

明治二十年頃《ころ》、キリスト教を奉《ほう》じた武士階級の子孫は、わずか四万人ほどでした。だが、武士道的な信仰に生きましたので、一般《いっぱん》からは非常な崇敬《すうけい》を受けていました。彼らは、自分の死生を度外視《どがいし》して、武士の子らしい精神で福音を伝えたので、新しい指導者を見出《みいだ》した喜びに、人々は続々と教会に集まったことでした。土佐出身のクリスチャンで、衆議《しゅうぎ》院《いん》議長として令名の高かった片岡健吉《けんきち》氏は、その回顧《かいこ》録《ろく》の中で、

「明治維新《いしん》の前は、約四十万人の武士階級がいて、よく全日本を支配していた。もしクリスチャンが十倍も数を増加して、四十万人になったら、社会を動かす力は驚《おどろ》くべきもので、日本は理想的な国になるだろう」と言っています。

しかし、そうはなりませんでした。それは、クリスチャンが本物ではなくなったからです。アメリカ宣教師《せんきょうし》などの影響《えいきょう》が強まり、人間中心の薄《うす》っぺらな思想や儀式教《ぎしききょう》に堕落《だらく》したので、次第《しだい》に日本人の心はキリスト教に魅力《みりょく》を失ったのでした。

主君のために生きた武士たちのように、自分のために生きず、キリストのために生きる。遣《つか》わされて生きる者の意識をもって、もっと私たちが神のために生きようとすると、ずいぶん日本のキリスト教は変わると思います。今も、主キリストが求めたもうのは、使命感に燃えて、自分に死に切って生きる人物なのです。

こういうことがわかってきますと、私は「神様、私の信仰を増したまえ」などと言わなくなった。「神様、私に『これをせよ』とおっしゃってください。私はします」、そのように祈りが変わってきました。これは、自分のために生きようとすることが信仰ではない、と知るからです。

死生を超《こ》えて魂を燃やすもの

今度、皆様《みなさま》とイスラエルへ聖地巡礼《じゅんれい》に行きます。しかし、留学生から手紙が届《とど》いています。アラブゲリラが、イスラエルを擁護《ようご》する手島を狙《ねら》っているので、現地の人も警護《けいご》を考えているというんです。「これは、私も相当なもんだなあ」と思った(笑)。

人間はどうせ死ぬんですから、私は回避《かいひ》せずに行こうと思う。自分のために生きようと思ったらできません。しかし、神様が遣《つか》わしたもうのであるならば、そしてこれが御旨《みむね》を成《な》し遂《と》げることであるならば、喜んで聖地に参ります。

嬉《うれ》しいですね。このように、イエスの内に滾《たぎ》った生命、永遠の生命というものは、死生を超えて人間の魂を燃やすものです。燃やされるときに、無用な不安はありません。

皆さん、今度の聖地巡礼でサマリヤに行ったら、もう一度このヨハネ伝の箇所《かしょ》を読み直そうじゃありませんか。

祈ります。

何かを行なう前に、まず祈って「神様、何をしましょうか」と毎日聴《き》くことです。それを行ない、成《な》し遂《と》げる時の喜び！　もう我を忘《わす》れますよ。苦労ではない、大変とは思わない。ああ、良かった！　ああ、嬉《うれ》しい！　と賛美だけが残りますよ。こういうワクワクするような信仰をもとうじゃないですか！　イエス・キリストが与《あた》えたもうた信仰は、そういうことなんです。

小さな自分に閉《と》じこもらずに、神様、どこまでも押《お》し出《だ》してください。あなたが燃やしてください。神のエネルギーが燃焼《ねんしょう》して爆発《ばくはつ》しだしたら、大きなものが私たちから沸《わ》き起《お》こりますよ！　皆《みな》で祈ってください。

（一九七三年二月十八日）

＊手島郁郎は「私の信仰は武士道的信仰だ」と言い、この講話の最後の部分（武士道的な宗教）を自ら加筆編集して、生涯《しょうがい》最後の『生命の光』誌《し》（二八〇号）の巻頭《かんとう》に掲載《けいさい》した。

補講Ⅰ

永遠の生命

「永遠の生命」という語は、ギリシア語原文では「αιωνιος《アイオーニオス》 ζωη《ゾーエー》」といいます。この場合の「生命《ゾーエー》」は、肉体的あるいは生物的な意味での命ではありません。もっと本質的な霊的意味の「生命」であります。

ヨハネ伝一二章二五節に、

「自分の命を愛する者はそれを失い、この世で自分の命を憎《にく》む者は、それを保って永遠の命に至《いた》るであろう」とあります。日本語の聖書では明確ではありませんが、これをギリシア語原文で読みますと、「自分の命」という場合の「命」はψυχη《プシュケー》であり、「永遠の命」の場合の「命」はζωη《ゾーエー》であります。前者は肉体的、生物的、さらにこの世的な意味での命を指し、後者はもっと本質的な意味での生命であります。

すなわち、*αιωνιος ζωη*《アイオーニオス ゾーエー》(永遠の生命)とは、ただ永続する生命というのではなく、聖書においては「キリストの中にあった生命」「永遠の国、神の霊の生命」のことであります。この世は、しばらくの国、また私たちの肉の命《プシュケー》もしばらくして消え去ります。しかし、神の国は永遠の領域《りょういき》であり、永遠の生命《アイオーニオス ゾーエー》のみなぎり満つるところであります。

この地上の命にあらず、天使たちがもち、神ご自身がもちたもう生命——これを永遠の生命といいます。

神がその独り子キリストをこの世にお遣《つか》わしになったのは、信じる者が一人も滅《ほろ》びないで、皆《みな》がこの「永遠の生命」をもつためであります。

(一九六二年十月三十日)

＊本書では、*ψυχη*《プシュケー》(肉体的・生物的な命)を「命」、*ζωη*《ゾーエー》(永遠の命、霊的な命)を「生命」と表記するようにしています。

補講Ⅱ

信仰の成長
——声聞《しょうもん》、縁覚《えんがく》、菩薩行《ぼさつぎょう》——

私たちは共に神を崇《あが》め、共に礼拝《れいはい》するために、集会に集《つど》っております。しかしながら、真《まこと》の礼拝とは何でしょうか。イエス・キリストは、次のように言われました。

「まことの礼拝をする者たちが、霊とまこととをもって父を礼拝する時が来る。そうだ、今きている。父は、このような礼拝をする者たちを求めておられるからである。神は霊であるから、礼拝をする者も、霊とまこととをもって礼拝すべきである」。

（ヨハネ伝四章二三、二四節）

私たちが日曜日ごとに集《つど》って、神を礼拝《れいはい》いたしますのに大事なことは、本当の信仰をもって集うということであります。真《まこと》の信仰、真の霊的状況《じょうきょう》でなくして礼拝が行なわれるならば、それは災《わざわ》いだと言わねばなりません。

では、私たちが真の信仰に達するといいますか、仏教でいうならば「悟《さと》りを開く」というのには、どういう方法を取ったらよいか？　そのことについて、昨日ある方が私に聞かれましたので、ひと言申《もう》し添《そ》えたいと思います。

声《しょう》　聞《もん》

これは、キリスト教でも仏教でも同じだと思いますが、仏教では、悟りを開くために、心の自由を得るために修行《しゅぎょう》している人たちについて、三つの段階《だんかい》に分けて「声聞《しょうもん》」「縁《えん》覚《がく》」「菩薩《ぼさつ》」ということを申します。

「声聞」というのは、仏の教えを聞いて道を学び、世にとらわれない心を起こした人のことです。聖書を学ぶ私たちとしていうならば、聖書の研究をしたり、誰《だれ》か先生について学ぶことをいいます。本を読んで学ぶ、宗教の先生に師事して学ぶことを声聞——サンス*

クリット(梵語《ぼんご》)ではシュラーヴァカ(声を聞く者)といいます。

信仰にとって、まず良き師につく、良き本を読むということが、非常に大事であります。そして、研究しなければ良い信仰に至《いた》りません。もし、偏狭《へんきょう》な宗教や教派《きょうは》に属して信仰の心路《すじ》を誤《あやま》りますと、ついに心の自由に入りません。解脱《げだつ》できません。

ですから私たちは心を寛《ひろ》くして、しかも真《まこと》において学ぶということが大切です。完成した信仰に入るためには、いくつかの道がありますが、信仰はまず聞くことより始めねばならない。聞いて悟《さと》るということ、具体的に学ぶことが大事です。

私たちは聖書を読んで、どうしたら救いに入れるか。または、どんな時に「ハッ」と心が開けて、学ぶことができるでしょうか。いつもは聞き流しているけれども、ある時、ある一つの言葉が、人を救うことがあるんです。文字が光を放つ、ある言葉がひらめくように人の心を打ってくることがあります。このような経験を声聞《しょうもん》といいます。

宗教改革《かいかく》を行なったマルティン・ルターは、ローマに行ってサンクタ・スカラ教会*の石の階段《かいだん》を膝《ひざ》で上りつつあった時に(それは、膝で這《は》って上ると功徳《くどく》があるという)、「こんな伽藍《がらん》宗教の石段を這い上っておっても、救われるものか」とムラムラとした気持ちが彼の中に湧《わ》き起《お》こりました。

その時、彼を救ったのは「義人は信仰によって生きる!」(ロマ書一章一七節)という聖書の一句でした。稲妻《いなずま》のひらめきのように、この一句が彼の心を焦《こ》がした。そして、彼は宗教改革《かいかく》のために立ち上がったんです。

縁覚《えんがく》、独覚《どっかく》

信仰の学び方はいろいろあります。

ただ教会で礼拝《れいはい》することだけが信仰の学び方ではありません。ほんとうに神の御名《みな》が賛美されることが大事です。賛美する心が養われなければ駄目《だめ》ですね。ですから、型通りに集会をするのは、原始福音《げんしふくいん》ではありません。毎回毎回、変わらなければなりません。

私たちの幕屋《まくや》も大小いろいろありますし、構成しているメンバーといいますか、教友たちのバラエティーもあります。また、その時々の状況《じょうきょう》も変わります。それを、こういう方式が本当だなどと画一的に言いだしたら、愛は死んでしまうんじゃないでしょうか?どうでしょうか、皆《みな》さん。何でも一つの方程式ができてしまったら、そのときには生命《いのち》が殺されてしまうと思います。大事なことは、心から溢《あふ》れてくる真実な愛で事がなされるということです。

私たちは、信仰を学ぶ初期の段階《だんかい》においては、良き本を読み、良き友に交わり、良き師につくことが大事です。

しかし、やがてある機が熟《じゅく》しますと、「そうだ！」といって膝《ひざ》を叩《たた》いて、自分自身が真理を発見するというか、共鳴する境地になる。このことを、皆様方《みなさまがた》はやっておいでになるかどうか？　信仰の進歩の問題として、私は取り上げたいのです。

信仰は、ただ聞くだけ、また研究するだけ、また師について学ぶだけではいけません。自ら覚《さと》らなければ、自ら学ばなければ駄目《だめ》ですね。それを、サンスクリットではプラティエーカ・ブッダ（独りで覚った者）――「独覚《どっかく》」とか「縁覚《えんがく》」とか申します。

それは、どういうことかといいますと、師なくして自《おの》ずと覚ることです。ひとりでに「そうだ！」といってわかる。禅宗《ぜんしゅう》では坐禅《ざぜん》を組みます。仏を説明したりしません。それは、自ずから「ハッ」と覚らなければ、どれだけ仏を説いても、声聞《しょうもん》には限界があるからです。ある人は、木の葉が落ちたという天地自然の変化、それを見て「ハッ」と覚ります。このように縁《えん》によって覚《さと》るから縁覚《えんがく》ともいいます。この縁覚、独覚《どっかく》ということを、仏教の人たちはずっとやってきました。ですから日本人に、原始福音を知らない人たちに信仰を説くには、「縁によって覚る」ということを言うと、よくわかるんです。

イエス・キリストは、野の百合《ゆり》を示し、また空飛ぶ鳥を示して、天国はかくのごとしと神の王国を象徴的《しょうちょうてき》に説かれました。私たちも、大自然を聖書として神の声なき奥義《おくぎ》を覚り、見えざる神の御手《みて》を見ることができます。それで縁覚ということが、おわかりだろうと思います。

信仰の独り歩きを目指す

私はキリスト教が、この原始福音的信仰が日本人に土着するために、こういう仏教的な方法、用語でお話をするんです。

信仰は、ただ「信仰しろ」と言ったって、どうしたら信仰が進歩するのかわかりません。しかし、こういうお話をすると、「ああ、そうか。そうやったら信仰は進むのか」と、皆《みな》さんがおわかりになるんですね。ただ本を読んだり、お説教を聞いているだけでは、信仰は自分のものにはなりません。

しかし、自《おの》ずと覚《さと》るといっても、なかなか独りで覚ることは難《むずか》しい。しかし私たちが、天地宇宙《うちゅう》、神が造っておいでになる世界に住んでおるということがわかるならば、何を見てもそのことがわかります。「神が愛である、義である、真理である」ということや、またある人のことや世の中の状況《じょうきょう》を見ると、「ああ、こういうことは神が嫌《きら》われることだ」とか「喜ばれることだ」と自ずから御心《みこころ》を覚るんですね。

こうして、ひとりでに覚る境地にゆかなければなりません。

いつまでも先生について学ぶ間は、信仰の独り歩きではありません。

原始福音の目指すところは、信仰の独り歩きです。

今後もし、ソ連や中共が日本を侵略《しんりゃく》してくるようなことがあれば、信教の自由もなく、聖書さえ取り上げられる時代が来るでしょう。かりに、そのような時代が来たときに、脈々として心内に流れておる信仰、身についた信仰をもっておらなければ、私たちはしのいでゆけません。ですから、聖書を取り上げられても大丈夫《だいじょうぶ》、自分は神と共に生きてゆけるという境地にまで至《いた》らねばなりません。

そのためには、ただ聖書の文字だけが私たちを教えるのではない。プラティエーカ・ブッダ（縁覚《えんがく》）、すなわち、毎日私たちが遭遇《そうぐう》する出来事を見たり聞いたりして、いろいろな機に触《ふ》れて、「ハッ」と覚《さと》ることが私たちに大切であることを知らねばなりません。この境地にゆきますと、声聞《しょうもん》より、もう少し高い信仰に入ります。

ある教派《きょうは》では、ただ「（聖書の）御言葉《みことば》、御言葉」といって、御言葉から出ないですね。それでは、声聞というういちばん初歩の段階《だんかい》からどうしても出ない。言葉にとらわれ、聖句にとらわれ、教義にとらわれて、そこから出ないんです。

しかし、もっと進歩した人の信仰は、ひとりでに覚って成長してゆくものです。

キリストを目指して

テイヤール・ド・シャルダン*という古生物学者が、生物の進化ということについて、全く新しい考えを打ち出しています。

私たちは、人間が最高の被造物《ひぞうぶつ》だと思っているけれども、長年の考古学的研究から見るならば、現在の人間なんて、未来の完成せる人間の前にはまだ胎児《たいじ》か生まれたばかりの乳《にゅう》児《じ》でしかない、と言うんですね。

乳児ですから、眼《め》もまだよく見えず、していることもおぼろげです。わけても、霊的なことや精神的なことは知りません。赤《あか》ん坊《ぼう》は自分が生きることだけで、他人《ひと》に良くしようとか、自分のミルクを誰《だれ》かに与《あた》えるような愛の喜びはもっていません。ですから、子供《こども》に「このお菓子《かし》を人にあげなさい」と言うと、「いや」と言います。そんなとき、「この子は根性が悪い」と言うべきではありません。そのように、人間がエゴイズムである、利己的《りこてき》であるというのは、自己保存《ほぞん》というか、自分で生きるのにまだ精いっぱいの段階《だんかい》だからです。魂の問題としてですね。

それで、キリストのような愛と力と知恵《ちえ》に満ちた人間になれ、と言ったって、なかなかなれない。今の人類は、まだそこまで成熟《せいじゅく》していません。だが、「やがて人間が進化してゆくと、キリストのようになる」ということをシャルダンは申しております。

ですから私たちは、まだどこどこまでも向上進化してゆかねばなりません。

「今は非霊的な時代で、宗教が信ぜられなくなった。これは、人々の心がすさんだからだ」と宗教家は言います。しかし、一般《いっぱん》の人は「宗教なんて何だ。あんな、わけもわからない儀式《ぎしき》をやったり、教理を持《も》ち込《こ》んだり、そんなものが人間を救うものか」と言います。そうです、どちらも本当です。わけてもキリスト教についてどうなのか。もうすっかり廃《すた》れきった、落ち目になった宗教だと人々は言います。

それに対して、シャルダンは違《ちが》う見方をしています。彼は、「今までのキリスト教、聖書の宗教は時代に試《ため》され、時代に対応してきたものである。だから包容力がある。それでもう一度、固くなった宗教がほどけてきて、今の時代、今の文明、今の思想、今の人々に対応する宗教的変化を遂《と》げさえするならば、キリスト教は再び多くの人の光となるだろう」ということを申しております。

私も、そのとおりだと思います。大事なことは、聖書を読みながら、もっと時代に即《そく》し、変化してゆく世の中に対応するだけの弾力《だんりょく》ある宗教となることです。

それについて、私たちは声聞《しょうもん》といった聞き伝えだけにとらわれておったら、本当の自由を得ない。どうしても、縁覚《えんがく》、独覚《どっかく》ということが大事なんです。誰《だれ》かに教えられるのではなく、次々に、私はあの時に「ハッ」と覚《さと》ったというような、神の御心《みこころ》に触《ふ》れる経験が大切です。

愛のあるところに神は在《いま》す

ロシアの文豪《ぶんごう》＊ツルゲーネフの随想《ずいそう》詩集に、『散文詩』というのがあります。その中に、次のような話が載《の》っています。

彼がある時、森に入って狩猟《しゅりょう》していると、突如《とつじょ》、猟犬が何かを襲《おそ》った。あっ、獲物《えもの》だ！　と思わず駆《か》け寄《よ》ってみると、彼の瞳《ひとみ》に映《うつ》ったのは、犬の襲来《しゅうらい》におののく一羽のひな雀《すずめ》でした。急いで犬を制しようとしたところ、上の梢《こずえ》から弾丸《だんがん》のように犬を目掛《めが》けて落ちてきたものがあった。

なんと、その黒い影《かげ》は親雀の必死な姿《すがた》で、恐《おそ》ろしい敵に向かって全身を震《ふる》わせ、わが身の危険《きけん》も顧《かえり》みず、身構え、犬を寄せつけないのでした。必死の防戦の後、力尽《つ》き果《は》てて、母雀は子雀の上に折り重なって死んでしまった。

それは一瞬《いっしゅん》の出来事でしたが、この厳粛《げんしゅく》な場面に遭遇《そうぐう》した時、ツルゲーネフは、「あっ」と心を打たれた。愛は死よりも、死の恐怖《きょうふ》よりも強い。一羽の小鳥にも、このような母性愛がある。しかばねとなっても子を思う愛があると知った時、抑《おさ》えても抑えきれぬ涙《なみだ》が湧《わ》いて、彼は神の愛を直感しました。それまで否定《ひてい》していた神を、もう彼は否定できなくなった。彼は目覚めたのでした。

それまで、無神論者《むしんろんしゃ》で放埒《ほうらつ》な文学小説ばかり書いておりましたが、彼はその一瞬《いっしゅん》から心が一変して、精神的な小説を書く人物に変わりました。

そのように、ある出来事を通してガラッと人間が変わる。

これは多くの場合、身近な誰《だれ》かが死ぬというようなことを通して起こります。死は大きな影響《えいきょう》を及《およ》ぼします。お互《たが》いに、父も母も子供《こども》も生きている間は、天国は遠いです。しかし、子供が、夫が、妻が死んでからというものは、実に天国が身近に感ぜられるようになりますね。

天国がわかるということは、なかなかできないことです。

しかしある時から、天国を感じる。地上だけでしか生きていない人間が、天国をも包容して生きるということになったら、その人は大きな世界に生きています。

私たちはこの世界に生きておりますが、宇宙《うちゅう》は神の衣《ころも》です。山川草木すべての天然が、私たち人間に神の測りがたい叡知《えいち》を教えています。

それで、見るもの聞くもの、神の国の中で生きておるならば、何によってでも覚《さと》ってゆけるわけです。また何によっても学んでゆけるわけです。『霊想の七曜経《しちようきょう》』という本は、この独覚《どっかく》・縁覚《えんがく》を学ぶために私が作ったものです。

毎日毎日、自分一人で、瞑想《めいそう》して覚るということをしなければなりません。

菩《ぼ》薩《さつ》行《ぎょう》とは

まず、信仰は聞くことから始まり、学ぶことから始まる。次に、自ら努力し、研究し、自ら覚るようになる。しかし、それだけでは、まだ本当の信仰とは言えません。サンスクリットでは「ボーディサットヴァ（菩薩）」といって、自分一人が覚り、安心立命しているだけでは本当でない。声聞《しょうもん》、縁覚からさらに進んで、他のすべての人々をも救いに導いてゆこう、という高い境地があります。

人間であるからには、皆《みな》、同じ心をもっております。己《おのれ》が覚るというだけの小さな自分ではない、大きな自分というものがあります。人が苦しむときに、その苦しみを共に分かち合うことができる。これを菩薩行といいます。

この菩薩行《ぼさつぎょう》を通して、人はもっと仏の近くというか、神の気持ちに近づいてゆくことができます。人の重荷を自分が背負《せお》って共に歩いてあげる。これは菩薩行であります。それによって救われるのは、助けられた人ですが、しかし他人に尽《つ》くして「ああ、良かった。祝福された」という気持ちが湧《わ》くならば、その人は菩薩ということができます。

たとえば、子供《こども》が遠足に行きます。母親は朝早く起きて、弁当を作ってやります。そして、朝起きることを苦にしません。むしろ、時間に間に合うように行っただろうかということを案じます。これは菩薩の気持ちです。誰《だれ》でもそういう気持ちがあります。

しかしその愛が、自分の肉親や縁類《えんるい》だけにしか及《およ》ばないか、あるいは赤の他人にも及んでゆくかによって、その魂の成長の度合いがわかります。他人を助けて「ああ、良かった。自分が役に立てて良かった」と思うならば、これは菩薩行と称《しょう》するものです。

愛なき者は神を知らず

「愛さない者は、神を知らない。神は愛である」(ヨハネ第一書四章八節)と聖書にあります。他人を愛することによって、愛なる神を発見することができます。愛なき者は神を知りません。

ある人は自分で覚《さと》るでしょう。自分で何かを知るでしょう。またある人は行《ゆ》き詰《づ》まって、何とか自分で借金を解決したりするでしょう。そしてX君のように、「ああ、神は自分を孤児《みなしご》にしなかった。借金から助かった。神の愛がわかった」と言うかもしれない。それは結構です。しかしながら、そんな自分の救い程度にとどまっては相成らないですね。

私たちは、他人の重荷を負うことによって、また他人の傷《きず》を包むことによって、ほんとうに「ああ、救われた」と思います。

私は、三十年前に別れた金炳相《きんへいそう》君のことを今でも忘《わす》れません。あの世に行って、まず会いたい一人があるならば、この韓国人《かんこくじん》の友人です。

戦時中、私は北支で憲兵隊《けんぺいたい》に捕《と》らえられて牢《ろう》に入ったことがあります。その時、彼は私のために弁護して、疑《うたが》われて共に投獄《とうごく》されました。私についての罪状を何か引き出そうとして、憲兵が彼を拷問《ごうもん》にかけ、いろいろな誘導尋問《ゆうどうじんもん》をしても、私の潔白を弁じてやみませんでした。

キリスト教の信仰は私が彼に伝えましたが、お祈りも彼は自分で口に出してはしません。

私が聖書を読みますから、一緒《いっしょ》になって読んでくれた程度の信仰です。しかしながら、彼はおかしなクリスチャンよりも、はるかに菩薩《ぼさつ》だったと思う。彼のような友愛の人は、日本人にもいませんでした。それで私は、不滅《ふめつ》の印象をこの友人から受けました。

戦争後も、お互《たが》いに労《いたわ》り合《あ》い、助け合い、愛し合って生きました。菩薩は菩薩を呼《よ》びます。このような境地から出発した信仰は、声聞《しょうもん》、縁覚《えんがく》によった程度の信仰とは、また違《ちが》った光と愛をもつものです。

私の家内が、女一人で子供《こども》たちを連れて、無事に万里《ばんり》の長城《ちょうじょう》の奥《おく》の蒙古《もうこ》から帰ってこられましたのは、実にこの金柄相君のおかげです。幾度《いくど》も金を惜《お》しみなく使って、命がけで尽《つ》くしてくれたからです。誰《だれ》もが自分のことしか考えぬ悲惨《ひさん》な敗戦のただ中でしたのに、帰ってこられたというのは、一人の友人がおったからでした。

愛が天国を決定する

現今の無教会主義の信仰というものは、ただ聖書の研究、神学の研究にとどまっています。また教会の信仰は、牧師さんの説教を聞くだけの声聞にとどまります。しかし、私たちには牧師はいらない。一人ひとり神の子なんだから、一人ひとり神に導かれ、神に覚《さと》らされてゆけばよい。ここに、私たち原始福音の立場というものがあります。

そして、自ら覚ったところからもう一歩進めたものが、仏教の言葉でいうなら菩薩行《ぼさつぎょう》です。愛を行ずることによって、神の心に私たちは近づいてゆくんです。

何も、「この人が菩薩だ」といった人があるわけではありません。自分でボサツを売りものにして慈善《じぜん》事業、博愛事業としてやりだしたら、もう鼻持ちなりません。自分は人を助けている、誰《だれ》か伝道者を助けているといって、愛を売りものにしたら、とんでもない。右手のなす業《わざ》を左手に知らさずになすことが、大事な道です。知られずに、真心が相手に通じて、感化されるんです。

それは、キリストが説かれた天国の消息にあるとおりです。

王様が義《ただ》しい者たちに向かって、

「あなたがたは、わたしが空腹《くうふく》のときに食べさせ、かわいていたときに飲ませ、旅人であったときに宿を貸し、裸《はだか》であったときに着せ、病気のときに見舞《みま》い、獄《ごく》にいたときに尋《たず》ねてくれた」(マタイ伝二五章三五、三六節)と言われると、

「主よ、いつ、わたしたちがそんなことをしましたか」と、愛を意識しないでやった無我《むが》の愛の人たちのことが書かれています。すると王は、

「わたしの兄弟であるいと小さき者の一人にしたのは、わたしにしたのである」と答えたとあります。

この人たちにとって、愛することは習性ですから、道徳的に努力したり、意識して愛したりすることはいたしません。むしろ当然のことをしたまでで、褒《ほ》められることもおかしくさえあるんです。天国とは、自分を捨《す》て他愛に生きる人々の群れだからです。この人たちは、神の心にビリビリ通じる境地にいますよ。高い世界に行けば行くほど、この無私の愛が光っています。

贖《あがな》いの愛の道を歩く者に

使徒行伝を読んでみますと、キリストに愛され贖われた使徒パウロは、他人に少し尽《つ》くして良かったと思う程度ではない、菩《ぼ》薩行《さつぎょう》をはるかに超《こ》えた贖いの愛に生きました。彼はキリストのために、どのような辱《はずかし》めや苦しみにも耐《た》えてゆこうと覚悟《かくご》しました。そのため

に、時には石打ちの迫害《はくがい》に遭《あ》って、一度死んで、また生き返ったこともありました。そのように命がけで贖《あがな》いの愛に生きる心が、彼を高めただけでなく、多くの人に影響《えいきょう》を与《あた》えました。また、彼を第三の天に送り上げたのでした。この入神の経験といいますか、生きながら天に上る経験は、声聞《しょうもん》、縁覚《えんがく》、菩《ぼ》薩行《さつぎょう》といったようなものに勝《まさ》るところの経験です。

そのパウロは、次のように言いました、

「預言はすたれ、異言《いげん》はやみ、知識はすたれるであろう。しかし愛はいつまでも絶えることがない。……最も大いなるものは、愛である」(コリント前書一三章八、一三節)と。

山奥《やまおく》にでもこもって修行《しゅぎょう》するといったようなことよりも、愛は、はるかに私たちを神に近づける道です。私たちは、そのような優《すぐ》れた愛の道を歩いてゆきとうございます。

信仰は、いつまでも同じところにとどまることを許しません。どこまでも上ってゆける限りなき段階《だんかい》が、私たちを待っています。この段階を上ってゆく時に、できえないことが易々としてできるようになります。思わず気がついた時に、自分を第三の天に、天使たちがいる世界に見出《みいだ》しえるならば、まことに幸いです。

(一九七一年十月三日)

＊サンスクリット…古代インドの文章語。梵語《ぼんご》。宗教、文学、哲学《てつがく》などの古文献《こぶんけん》が多い。

＊サンクタ・スカラ(聖なる階段《かいだん》)教会…この教会には、ユダヤの総督《そうとく》ピラトの官邸《かんてい》の階段を移したといわれる二十八段の石段がある。イエス・キリストが十字架《じゅうじか》への第一歩を踏《ふ》み出《だ》したのが、この階段であるとされる。

＊テイヤール・ド・シャルダン…第五講の注(一〇七頁)を参照。

＊イワン・ツルゲーネフ…一八一八～一八八三年。ロシアの小説家。トルストイ、ドストエフスキーと共に、近代ロシア三大作家の一人。

編者あとがき

本書は、手島郁郎先生が東京の全国町村会館ホールにて、日曜日ごとに語られた聖書講話の筆記です。先生は、もともと実業家として活躍《かつやく》していましたが、戦後間もない一九四八年五月、故郷《こきょう》である熊本の阿蘇山《あそさん》にて生けるキリストに出会い、「初代教会の信仰に帰れ!」と原始福音《げんしふくいん》運動を全国に展開《てんかい》しました。

その伝道の最初に取り組んだのは「ヨハネ書簡《しょかん》」で、キリストの愛弟子《まなでし》である使徒ヨハネの霊的信仰は、終生先生が愛してやまないものでした。ヨハネ伝も、生涯《しょうがい》に五回も連続講話しており、ここに上梓《じょうし》する『ヨハネ伝講話』第一巻《かん》は、一九七二年十一月に始まり、翌年《よくねん》十二月に召天《しょうてん》する一か月前まで続けられた、生涯《しょうがい》最後の連続講話の前半部分になります。

若《わか》い頃《ころ》の手島先生は、聖霊の愛と力に満ちたカリスマ的信仰を強く訴《うった》えていますが、晩年《ばんねん》の先生は、目に見える奇跡《きせき》や病の癒《い》やしなどよりも、永遠の生命に至《いた》る深い信仰を目指して講話を進めています。

私は二十代の初めに、このヨハネ伝連続講話を聴講《ちょうこう》した一人です。しかし、当時は先生の説かれるヨハネ伝の深い信仰を十分に受け止めきれませんでした。しかし五十年経《た》った今、魂に深く訴《うった》えてくるものがあります。

編集を進めつつ、己《おのれ》を捨《す》てて主の僕《しもべ》に徹《てっ》しようとされた先生のお心に、幾度《いくど》も涙《なみだ》しました。また、聖書をつまみ食いせず、晩年《ばんねん》になっても一節一節原文から丁寧《ていねい》に学び、「神の言葉は日々新たなり」と向上一路する姿勢《しせい》に心を打たれました。

当時の手島先生は、召天《しょうてん》までの一年間、日本全国や海外に伝道の戦いを進め、さらに毎週放送されるラジオ講話の原稿《げんこう》を書き、四百人の聖地巡礼団《じゅんれいいだん》を引率《いんそつ》してイスラエルに、と命を削《けず》る日々でした。したがって、体調がすぐれずに講話が短くなる時もありましたが、本書ではそのまま編集してあります。また、講話の後の祈りの言葉も、できる限り収録《しゅうろく》しました。先生の信仰の心と生き様に、より深く触《ふ》れていただければと願う次第《しだい》です。

キリスト教の本場である西洋をはじめ、日本においても、今や教会に行く人は少なくなり、信仰は過去のこととなって、文字のみが残る末法《まっぽう》の時代となりつつあります。それは、初代教会に滾《たぎ》っていたキリストの霊的信仰と聖霊の愛の生命を失ったからです。また、聖書を読み直して、聖書そのままを追体験しようとする、真実な渇《かわ》きと祈りを失ったからではないかと思います。

手島先生の信仰の息吹《いぶき》に触《ふ》れた弟子《でし》の一人として、もう一度、霊的なキリストの原始福音が甦《よみがえ》り、愛の群れが起こって、混迷《こんめい》の度を深める世を救う力を発揮《はっき》するようにと、切に祈るものです。そのために、この『ヨハネ伝講話』が霊感の源《みなもと》となり、力となるならば、これに勝《まさ》る感謝はありません。

本書は、手島先生の聖書講話を、残された録音テープから編集したもので、文責はすべて編者にあります。編集に当たっては、生物学、物理学、心理学、仏教など専門《せんもん》の方々から貴重《きちょう》な助言を賜《たまわ》りました。また、奥田英雄、藤原豊樹、上野誓子の諸兄姉に協力を頂《いただ》きました。衷心《ちゅうしん》より感謝申し上げます。

二〇二一年四月　復活節の朝に

編集責任　伊　藤　正　明

手島郁郎　てしま　いくろう

1910(明治 43)年 8 月 26 日　生まれる。

1927(昭和 2)年　17 歳の頃、受洗する。

1948(昭和 23)年 5 月　阿蘇山中にて見神、独立伝道に立つ。

1973(昭和 48)年 12 月 25 日　召天する。

ヨハネ伝講話　第 1 巻　　定価 2500 円（本体 2273 円）

2021 年 5 月 1 日　初版発行

講述者　手島郁郎

発行　手島郁郎文庫

〒158-0087　東京都世田谷区玉堤 1-13-7

電話　03-6432-2050

FAX　03-6432-2051

郵便振替 01730-6-132614

印刷・製本　三秀舎

ISBN 978-4-89606-035-5